관세법위반
대응 매뉴얼

관세법위반
대응 매뉴얼

ⓒ 허찬녕, 2025

초판 1쇄 발행 2025년 3월 24일

지은이	허찬녕
펴낸이	이기봉
편집	좋은땅 편집팀
펴낸곳	도서출판 좋은땅
주소	서울특별시 마포구 양화로12길 26 지월드빌딩 (서교동 395-7)
전화	02)374-8616~7
팩스	02)374-8614
이메일	gworldbook@naver.com
홈페이지	www.g-world.co.kr

ISBN   979-11-388-4096-5 (03360)

세관조사, 형사재판
당사자를 위한 지침서

관세법위반
대응 매뉴얼

관세전문변호사
허찬녕 지음

좋은땅

머리말

이 책은 관세법위반 사건으로 세관조사나 형사재판에 임하여야 하는 당사자를 위한 내용을 주로 담았다. 관세법위반의 당사자가 된 피의자는 심적으로 매우 불안할 수밖에 없다. 대부분 이런 경험이 없기 때문에 조사 과정에 어떻게 임해야 좋은지, 최종적으로는 어느 정도로 처벌이 될 것인지를 모르기 때문이다.

반대로 말하면 앞으로 진행될 수사 과정과 형사재판이 어떻게 이루어지고, 비슷한 사건에서 어떻게 처벌이 이루어지는지를 파악한다면, 막연한 상황에서 오는 불안감을 조금을 덜 수 있을 것이다.

우리나라는 수출의존도가 큰 국가이기 때문에, 특히 수입범죄에 대한 처벌수위가 매우 강한편이다. 밀수입죄의 경우 물품원가의 약 1.7배에 해당하는 고액의 추징금을 규정하면서, 이를 필요적 추징으로 하여 금액을 줄이는 것도 불가능하게 해 두었다. 관세포탈죄의 경우 상당한 금액의 가산세가 고지되기도 하고, 수출입범죄는 기존 수년간의 수출입 건들을 모두 조사하여 기소한다. 게다가 특가법에도 관세범죄를 가중처벌하는 규정을 두고 있어, 관세형사사건은 다른 범죄들보다 강하게 처벌하려는 것이 우리나라의 입법 태도이다.

지난 10년간 관세형사사건을 담당하면서 수많은 유형의 관세법위반 사건의 피의자, 피고인을 변호하였다. 그동안 개인 사건들뿐만 아니라 기업형, 조직범죄 사건들에서도 좋은 결과를 낼 수 있었고, 수십억 ~ 수백억에 이르는 벌금과 추징금을 전액 면제받는 등 의미 있는 판례를 다수 이끌어 낼 수 있었다. 관세전문 변호사로서의 그간의 경험을 일반인의 입장에서 최대한 이해하기 쉽도록 이 책에 담았다. 관세법 위반 사건으로 조사 또는 재판을 앞둔 분들에게 이 책의 내용이 도움이 되길 바란다.

관세전문변호사 허찬녕

목차

▶ 통고처분

▶ 관세포탈죄   121

▶ 부정수출입죄   131

▶ 허위신고죄   137

▶ 가격조작죄   141

관세법위반
사건의 특징

경찰이 아닌 세관에서
조사를 담당한다

관세법 위반 사건은 일반형사 사건과는 달리 세관에서 조사를 진행한다. 조사를 진행한다는 것은, 피의자신문조서 작성 등 임의수사는 물론 구속영장 신청, 압수 수색, 현행범 체포, 긴급체포 등 강제수사까지, 사법경찰이 담당하는 일련의 수사과정을 전부 세관 조사과에서 담당한다는 것이다.

이렇게 세관 공무원이 사법경찰권을 행사할 수 있는 근거는, 「관세법」 제295조와 「사법경찰관리의 직무를 수행할 자와 그 직무범위에 관한 법률」 제5조 제17호에서 규정하고 있다. 위 규정에 따라 세관 조사과의 공무원이 사법경찰관리의 직무를 수행할 권한이 주어지는 것이다.

관세법

제295조(사법경찰권)
세관공무원은 관세범에 관하여 「사법경찰관리의 직무를 수행할 자와 그 직무범위에 관한 법률」에서 정하는 바에 따라 사법경찰관리의 직무를 수행한다.

사법경찰관리의 직무를 수행할 자와 그 직무범위에 관한 법률

제5조(검사장의 지명에 의한 사법경찰관리)
다음 각 호에 규정된 자로서 그 소속 관서의 장의 제청에 의하여 그 근무지를 관할하는 지방검찰청검사장이 지명한 자 중 7급 이상의 국가공무원 또는 지방공무원 및 소방위 또는 지방소방위 이상의 소방공무원은 사법경찰관의 직무를, 8급 · 9급의 국가

공무원 또는 지방공무원 및 소방장 또는 지방소방장 이하의 소방공무원은 사법경찰리의 직무를 수행한다.

17. 「관세법」에 따라 관세범(關稅犯)의 조사 업무에 종사하는 세관공무원

관세청은
전문성을 갖추고 있다
—

일반 경찰서에서는 특수한 분야를 다루는 부서 외에는, 모든 형사사건에 전반에 관하여 수사를 담당한다.

세관에서 담당하는 수출입범죄의 경우 일반 경찰과는 다르게, 담당하는 사건이 관세법, 대외무역법, 외국환거래법, 상표법 등으로 정하여져 있다. 그래서 수출입범죄 사건에 관한 전문성을 바탕으로 수사를 진행한다는 특징이 있다. 그래서 관세법 위반 사건의 수사뿐만 아니라 관련 법리, 판례 등에 관하여 잘 파악하고 있다.

사건이 검찰로 송치되면 검찰에서는 세관에서 조사한 것을 바탕으로 수사를 진행하는데, 검찰보다 세관에서 사건을 더욱 정확하게 알고 있는 경우가 일반적이다. 세관에서 전문성을 갖고 수사를 담당한다고 하면 마치 피의자에게 무조건 불리한 것처럼 느껴질 수 있으나, 그런 것은 아니고 전문성을 바탕으로 하기 때문에, 일반 경찰사건보다는 사건이

신속하고 일률적으로 처리될 가능성이 높다고 기대할 수 있다. 이는 단지 세관뿐만 아니라, 특허청, 식약처 등 모든 특별사법경찰 사건의 특징이라고 할 수 있다.

추징금이나 가산세 등 각종 예상치 못한 세금이 사후적으로 부과된다

관세법 위반 사건의 특징은 예상치 못한 세금이나 추징금이 사후적으로 부과되는 경우가 많다는 것이다. 대부분의 피의자들은 조사가 종료될 때까지는 물론이고, 검찰이나 법원에서 형이 확정될 때까지도 추징금이나 가산세 등이 부과되는 것을 모르는 경우가 많다. 형사재판에서 판결을 선고받고서야 추징금이 부과된 것을 알게 되는 경우도 많고, 심지어 항소심, 상고심을 거쳐 판결이 확정되고 나서 본인 재산에 실제 압류집행이 진행되고 나서야 부랴부랴 대응책을 찾으며 나에게 상담전화가 오는 경우도 있다.

이처럼 추징금 및 각종 세금(가산세, 관세, 부가세)을 생각하고 있지 않은 경우가 많아, 피의자로서는 별다른 대응을 하지 않고 있다가 판결을 선고받고서야 수억원 이상의 추징금이 부과된 것을 알고 황당해하는 경우가 많다. 이러한 일이 발생하는 또 다른 이유는 행위 자체는 경미한 것인데도 불구하고, 추징금은 정해진 공식에 따라 일률적으로 부과되도록 관세법이 규정하고 있다는 점 때문이다.

즉, 범칙금액 자체는 몇 천만원 수준으로 비교적 경미한 사건이어서 검찰에서 약식명령 벌금으로 종결되는 사건도, 추징금이 수억원 부과되는 경우도 많다. 피의자로서는 '별로 큰 죄도 아닌데 벌금으로 끝나겠지'라고 안일하게 생각하고 있다가, 수억원의 추징금이 기재된 판결문을 받고서 좌절하는 경우가 많다. 다행히 요즘은 세관 조사단계에서 추징금이나 세금을 알려 주는 경우가 늘어나서, 당사자들이 세관조사 때부터는 어느 정도 추징금 및 세금부과 여부에 대하여 알고 있는 경우가 많다.

관세법 위반 사건은 자신에게 추징금이 부과되는 사건인지, 각종 세금이 부과되는 사건인지를 유형별로 정확하게 파악해야 한다. 또한 자신에게 부과될 추징금이나 세금이 정확히 얼마가 부과될 것인지를 미리 알고 있어야 대처할 수 있고, 만약 자신이 금액을 납부할 수 없을 경우에는 어떻게 처리되는지도 파악하고 있어야 한다.

특가법이 적용될 경우
처벌수위가 엄청나게 강해진다

관세법 위반 사건이 발생한 경우 1순위로 검토되어야 하는 것은, 자신의 범행이 특정범죄가중처벌등에관한법률(약칭: 특가법)에 적용될 수 있는지 여부이다. 특가법은 관세법 위반 행위 중에서 주로 물품가액이나 포탈한 세액을 기준으로 일정 부분을 넘는 경우 중대한 범죄로 판단하여 가중처벌하려는 목적에서 제정되었다.

예를 들어 밀수입죄의 경우 특가법이 적용되는 순간, '5년 이하'의 징역형이 아닌 '무기 또는 5년 이상'의 징역형이라는 법정형이 적용된다. 관세법상 밀수입죄의 경우 법정형이 '5년 이하'로서, 법정형의 '상한선'이 5년인 데 반해, 특가법의 경우 '5년 이상'으로서, '하한선'이 5년이라는 엄청난 차이가 있다. 형법 제62조 제1항에 따라 집행유예 판결을 받기 위해서는 3년 이하의 징역형을 선고받아야 하는데, 특가법이 적용되는 순간 집행유예를 받기 위한 조건인 '3년 이하의 징역'을 선고받기가 그만큼 어려워지고, 실형의 가능성이 높아진다.

또한 특가법이 적용될 경우 또 하나의 큰 문제는, ① 벌금이 필수적으로 병과된다는 것이고 ② 고액의 벌금이 부과된다는 것이다. 관세법이 적용될 경우 벌금은 임의적 병과이기 때문에 법원에서 징역형이나 벌금형 둘 중 하나만 선고할 수도 있는데(관세법 제275조), 특가법의 경우 필요적으로 벌금을 병과하도록 되어 있고, 그 금액도 정하여져 있다.

관세법의 경우 '~ 이하의 벌금'이라고 규정하고 있어 판사의 재량이 있으나, 특가법의 경우(밀수입죄는) '물품 원가의 2배'라는 식으로 벌금의 액수가 정하여져 있어 판사가 재량으로 벌금을 감액하는 것이 제한되어 있다. (물론 이에 대하여도 선고유예를 통해 전액 선처받는 방법이 존재한다.)

관세법

제275조(징역과 벌금의 병과)
제269조부터 제271조까지 및 제274조의 죄를 범한 자는 정상(情狀)에 따라 징역과 벌금을 병과**할 수 있다.**

→ 관세법이 적용되면 징역과 벌금을 병과하는 것은 임의적 사항으로서 판사의 재량에 달려 있다.

죄명	조항(특가법)	관세법이 아닌, 특가법이 적용되는 경우
금지품 수출입죄	6조 1항	물품원가 3천만원 이상
밀수입죄	6조 2항	물품원가 2억원 이상
밀수출죄	6조 3항	물품원가 5억원 이상
관세포탈죄 부정감면죄 부정환급죄	6조 4항	포탈세액 5천만원 이상
부정수입죄	6조 5항	물품원가 2억원 이상

관세법과 특가법 비교

죄명	관세법		특가법	
특징	징역 or 벌금		징역 + 벌금 → 벌금이 필요적으로 병과됨	
금지품 수출입죄	징역 or 벌금	7년 이하 (또는 7천만원 이하 벌금)	징역	무기 또는 7년 이상
			벌금	물품가액의 2배 이상 10배 이하
밀수입죄	징역 or 벌금	5년 이하 (또는 관세액 10배와 물품 원가 중 높은 금액 이하)	징역	무기 또는 5년 이상
			벌금	수입한 물품 원가의 2배
밀수출죄			징역	1년 이상
			벌금	수출하거나 반송한 물품의 원가
관세포탈죄 부정감면죄 부정환급죄	징역 or 벌금	3년 이하 (또는 관세액의 5배와 물품원가 중 높은 금액 이하)	징역	무기 또는 5년 이상
			벌금	포탈 면탈하거나 감면 환급 받은 세액의 2배 이상 10배 이하
부정수입죄	징역 or 벌금	3년 이하 징역 (또는 3천만원이하 벌금)	징역	3년 이상
			벌금	수입한 물품의 원가

범죄에 관한 인식이 좋지 않아
죄질에 관한 오해가 존재한다

관세법 위반 사건의 또 다른 특징 중의 하나는, 범죄에 관한 인식이 좋지 않다는 것이다. 예를 들어 금괴 밀수범이라고 하면, 마치 우리나라에 들어와서는 안 되는 물건을 들여온 것처럼 죄질이 좋지 않다고 여기는 것이다.

그런데 금괴는 우리나라에 들어와서는 안 되는 물건이 아니고, 수입신고만 하면 누구든지 수입할 수 있는 물건이다. 심지어 관세율도 3%로서 낮은 편이다. 관세율이 낮다는 것은, 국가에서 정책적으로 수입을 크게 제한하지 않는다는 뜻이다. 금괴는 우리나라에 수입되면 안 되는 물품이 전혀 아니고, 신고만 하면 언제든지 수입이 가능하다. 다만 국제 무역수지의 불균형을 초래하고 금괴밀수는 집단적으로 이루어지며, 금액 자체가 다른 사건보다 크기 때문에 결과적으로 강하게 처벌하는 것이다.

범죄 유형에 따라 비난가능성이
달라질 가능성이 있다
___

위와 같이 범죄에 관한 인식이 좋지 않고, 죄질에 관한 오해가 존재하는 상황은 법원의 판결로 이어지게 된다. 관세법 위반 사건에 대한 법원의 선입견이 존재할 수 있다는 것이다. 심지어 관세법 위반 사건은 양형기준표가 최근에서야 만들어졌기 때문에, 그만큼 일관성 있는 처벌수위를 기대하기 힘든 부분이 있었다. 양형기준표가 만들어진 현재에도, 재판부의 성향이나 피고인 측의 대응방향 등에 따라 사건 결과가 천차만별로 달라지는 경우가 많이 보인다.

극단적인 사례를 비교해 보면, 물품원가가 1억원이 안 되는 사건에서 초범임에도 1심에서 실형을 선고받은 사건이 있는 반면, 물품원가가

1000억원 상당인 금괴 사건에서 집행유예를 선고받고, 수백억 상당의 벌금도 전액 선고유예 받은 사건도 있다. 전자의 사건은 조사 단계부터 혐의를 부인하면서 거짓진술로 대응했던 사건이었고, 후자의 사건은 첫 조사 때부터 항소심 재판까지 일관되게 혐의를 인정하는 방향으로 대응했던 사건이다.

이러한 범죄와 죄질에 관한 오해를 풀어야 하는 것이 변호사의 몫이다. 당사자가 잘못한 부분은 무엇이며, 그에 관하여 합당한 처벌수위는 어느 정도가 합리적인지를 판사에게 설득하여야 한다. 나아가 피고인의 행위에 대한 비난가능성과 죄질에 관한 오해가 있다면 이를 해소하는 것이 변호사의 역할이라고 할 것이다.

관세법위반
처벌수위

관세법위반 유형별 법정형

관세법에서는 아래와 같이 법정형을 규정하고 있다.

죄명	처벌		몰수·추징	
금지품수출입 **269조 1항**	징역	7년 이하	몰수 가능시	몰수
	벌금	7천만원 이하	몰수 불가능시	추징 (국내도매가격 상당)
밀수출입 **269조 2항**	징역	5년 이하	몰수 가능시	몰수
	벌금	관세액 10배와 물품원가 중 높은 금액 이하	몰수 불가능시	추징 (국내도매가격 상당)
관세포탈 **270조**	징역	3년 이하	X	
	벌금	관세액의 5배와 물품원가 중 높은 금액 이하		
부정감면 **270조 4항**	징역	3년 이하	X	
	벌금	감면받은 관세액의 5배 이하		
부정환급 **270조 5항**	징역	3년 이하	X	
	벌금	환급받은 세액의 5배 이하		
부정수출입 **270조** **2항, 3항**	부정 수입	3년 이하 징역 또는 3천만원 이하 벌금	X	
	부정 수출	1년 이하 징역 또는 2천만원 이하 벌금		
	분할 수입	3년 이하 징역 또는 물품원가 이하 벌금		
가격조작 **270조의 2**	징역	2년 이하	X	
	벌금	물품원가와 5천만원 중 높은 금액 이하		

밀수품취득 274조	징역	3년 이하	몰수 가능시	몰수
	벌금	물품원가 이하	몰수 불가능시	추징 (국내도매가격 상당)

벌금은 얼마나 나오나요?

먼저 알아 두어야 할 것은, 피의자 본인의 사건이 정식 형사재판이 진행될 만한 규모인지, 검찰단계에서 약식기소로 끝날 만한 사건인지, 세관에서 통고처분으로 종결할 수 있는 사건인지를 알아야 한다는 점이다.

■ 통고처분으로 종결될 경우 벌금액수

세관에서 통고처분으로 종결되는 사건의 경우, 벌금 상당액이 정해져 있다. 관세법 제311조 제1항 및 관세법 시행령 제270조의2 제1항에서는 통고처분을 할 경우의 벌금상당액에 관하여, '벌금 최고액의 30%'로 정하고 있는데, 물품원가가 벌금최고액보다 낮을 경우에는 '물품원가의 30%'로 한다고 규정하고 있다.

관세법

제311조(통고처분)
① 관세청장이나 세관장은 관세범을 조사한 결과 범죄의 확증을 얻었을 때에는 대통령령으로 정하는 바에 따라 그 대상이 되는 자에게 그 이유를 구체적으로 밝히고 다음 각 호에 해당하는 금액이나 물품을 납부할 것을 통고할 수 있다.

1. 벌금에 상당하는 금액
2. 몰수에 해당하는 물품
3. 추징금에 해당하는 금액

관세법 시행령

제270조의2 (통고처분)
① 법 제311조제1항제1호에 따른 벌금에 상당하는 금액은 해당 벌금 최고액의 100분의 30으로 한다. 다만, 별표 4에 해당하는 범죄로서 해당 물품의 원가가 해당 벌금의 최고액 이하인 경우에는 해당 **물품 원가의 100분의 30**으로 한다.

세관에서는 검찰이나 법원과 달리 개인 양형사유를 반영하여 벌금액수를 임의로 감경할 수는 없고, 관련 고시에 따라 해당사항이 있는 경우에만 가중/감경하여 벌금액수를 정한다. 이러한 가중/감경 사유는 '관세범의 고발 및 통고처분에 관한 고시'에서 규정하고 있다.

■ 검찰에서 약식기소로 종결될 경우 벌금액수

만약 사건이 검찰에서 약식기소로 종결되는 경우, 검찰에서는 피의자의 각종 양형사유를 반영하여 벌금액수를 정한다. 사건이 검찰로 송치되어 약식기소가 되었다는 것은, 세관장 또는 관세청장의 고발서가 첨부되었다는 뜻인데, 세관의 고발서에는 벌금액수를 양정하여 '과형에 대한 의견'으로 기재한다. 여기에는 통고처분에서 벌금액수를 산정하는 것과 동일하게 산정하므로, 물품원가 또는 관세액의 10배의 30%를 벌금액으로 산정하는 경우가 많다.

하지만 검찰에서는 세관에서 계산한 벌금을 그대로 산정하진 않고, 약식기소로 종결되는 사건의 경우 오히려 금액을 줄여서 기소하는 경우가 많다. 왜냐하면 검찰에서 약식기소를 하였다는 것은 정식기소가 필요하지 않을 정도로 해당 사건이 중대한 사건이 아니라고 판단한 것이기 때문이다. 약식기소를 할 경우 벌금 금액은 정해진 것은 없으나, 나의 경험상 1000만원대인 경우가 가장 많았고, 물품원가가 큰 경우에는 3000만원 이상으로 기소하는 경우도 존재한다. 벌금액수가 많다고 생각되면 정식재판을 청구하여 형사재판을 진행시킬 수 있다. 밀수출입죄의 경우 사건이 약식기소로 끝난다고 해도 고액의 추징이 필요적으로 병과되기 때문에, 피의자로서는 벌금액수와 관계없이 정식재판을 청구하는 경우가 대부분이다.

세관 고발장 중 과형에 대한 의견 예시

10. 과형에 대한 의견
가. 벌금 : 49,102,450원

밀수입죄 (관세법 제269조 제2항 제1호)
관세액의 10배와 물품원가 중 높은 금액 이하에 상당하는 벌금

연번	관세액의 10배	물품원가	양정율	벌금	관세율
1	185,620원	232,022원	30%	69,606원	8%
2	163,442,840원	125,725,262원	30%	49,032,852원	13%
합계				49,102,450원	

나. 몰수 : 해당사항 없음
다. 추징 : 252,757,170원

구분	사 유	비율
가중	세관의 소환조사 등 출석요구에 3회 이상 불응하거나 허위자료 제출 등 세관의 조사를 의도적으로 방해한 것으로 판단되는 자	+10%
	압수수색 및 신변수색시 증거물을 은닉·인멸·훼손한 자	+20%
	정당한 사유 없이 임검수색에 불응·도주하거나 공범의 도피를 방조한 자	+15%
	관세행정 주변 종사자[1]	+30%
	「관세법」 제268조의2, 제269조부터 제271조까지, 제274조, 제275조의2, 제275조의 3, 제275조의 4, 「수출용원재료에 대한 관세 등 환급에 관한 특례법」 제23조, 「자유무역지역의 지정 및 운영에 관한 법률」 제56조부터 제59조까지, 제62조 및 제65조, 「자유무역협정의 이행을 위한 관세법의 특례에 관한 법률」 제44조에 따라 통고처분 또는 벌금 이상의 형의 선고를 받고, 그 집행이 종료되거나 면제받은 날부터(통고처분 면제의 경우는 처분 면제일, 집행유예의 경우는 형의 선고일) 2년 이내에 다시 위 법조항에 해당하는 위반행위를 한 자	
	2범	+30%
	3범 이상	+50%
감경	범칙조사 중(해당 사건에 대한 통고처분 또는 고발 전까지) 해당 사건에 대하여 부족세액(가산세를 포함한다)을 자진 납부한 자. 다만, 부족세액의 일부를 납부한 때에는 납부하여야 할 전체 금액 중 자진 납부한 금액이 차지하는 비율만큼 감경한다.	-50%
	심신미약자, 청각 및 언어 장애인, 「관세법」 제269조·제270조·제274조의 범죄를 예비한 자	-50%
	「관세법」 제255조의2에 따라 관세청장이 공인한 수출입 안전관리 우수 공인업체	
	AAA등급업체[2]	-50%
	AA등급업체	-30%
	A등급업체	-15%
	「관세법」 제38조제3항, 「수출입 안전관리 우수업체 공인 및 운영에 관한 고시」 제18조의2에 따라 정기 수입세액 정산업체로 지정된 업체	-15%
	세관의 조사개시 전에 자수한 자	-50%
	세관의 소환요구에 순순히 응하여 조사개시부터 종료시까지 범행을 자백하고 증거를 제출하는 등 조사에 적극 협조한 자(다만, 다른 수사기관에서 해당 사건에 대한 조사를 이미 시작한 경우는 제외한다)	-15%

■ 형사재판이 진행될 경우 벌금액수

검사가 약식기소를 하지 않고 정식기소를 한 사건의 경우, 검찰 측에서는 벌금구형을 하지 않고 징역과 부가형(추징, 몰수)만 구형하는 경우도 있다. 관세법 제275조에 따라 관세법위반의 경우 징역과 벌금을 병과할 수 있지만, 임의적 병과규정이기 때문에 실제로는 벌금까지 구형을 하지 않아도 되기 때문이다. 사건 내용이나 각종 양형사유에 따라 검사가 벌금을 병과할지 여부가 결정된다.

관세법

제275조 (징역과 벌금의 병과)
제269조부터 제271조까지 및 제274조의 죄를 저지른 자는 정상(情狀)에 따라 징역과 벌금을 병과할 수 있다.

이처럼 관세법상 벌금은 임의적 병과이기 때문에, 검사 측의 구형 때에 고액의 벌금이 병과된 경우에는 반드시 유사한 사건의 판결문을 다수 제출하여, 벌금 없이 선고된 사건이 많다는 점을 강하게 주장하여야 한다.

■ 특가법이 적용될 경우, 고액의 벌금이 필요적으로 병과된다

반면 특가법이 적용되는 사건의 경우에는 일반 관세법 사건과는 다르게 고액의 벌금이 필요적으로 병과된다. 여기서 반드시 알아야 할 것은 ① 벌금이 필요적으로 병과되고 ② 벌금액수가 고액으로 정해져 있다는 점이다.

특정범죄 가중처벌 등에 관한 법률

제6조(「관세법」 위반행위의 가중처벌)

② 「관세법」 제269조제2항에 규정된 죄를 범한 사람은 다음 각 호의 구분에 따라 가중처벌한다.
　1. 수입한 물품의 원가가 5억원 이상인 경우에는 무기 또는 5년 이상의 징역에 처한다.
　2. 수입한 물품의 원가가 **2억원 이상** 5억원 미만인 경우에는 3년 이상의 유기징역에 처한다.

⑥ 제1항부터 제5항까지의 경우에는 다음 각 호의 구분에 따른 벌금을 **병과한다.**
　1. 제1항의 경우: 물품가액의 2배 이상 10배 이하
　2. 제2항의 경우: **수입한 물품 원가의 2배**
　3. 제3항의 경우: 수출하거나 반송한 물품의 원가
　4. 제4항의 경우: 포탈·면탈하거나 감면·환급받은 세액의 2배 이상 10배 이하
　5. 제5항의 경우: 수입한 물품의 원가

밀수입죄를 기준으로, 특가법이 적용되는 사건은 수입한 물품의 원가가 2억원 이상인 사건이다. 여기서 2억원을 산정하는 기준은 1회 수입행위를 기준으로 하는 것이고, 수회에 걸친 수입행위를 합산한 금액이 아니라는 것이 대법원 판례의 태도이다. 즉 한 번 수입할 때에 수입한 물품의 원가가 2억원 이상일 때에 적용되는 것이다.

특가법 제6조 제6항에서는 필요적 벌금 병과규정을 두고 있는데, 밀수입죄의 경우 '수입한 물품 원가의 2배'를 필요적으로 병과하도록 규정하고 있다. 즉 물품원가 2배의 벌금을 반드시 선고해야 한다는 뜻이다. 만약 물품원가가 5억일 경우에는 10억원의 벌금이 선고된다는 뜻으로

서, 법정형이 상당히 강하다(작량감경에 따라 1/2을 감경하여도 최소 5억원이 부과된다).

변호인으로서는 특가법이 적용되는 사건의 경우, 이와 같은 고액의 벌금을 방어하는 데에 최선의 노력을 다해야 한다. 그런데 아쉽게도 변호인이 관세법사건에 익숙하지 않을 경우, 특가법 적용대상인지조차 파악하지 못하는 경우도 많고, 필요적 벌금 병과규정과 벌금금액을 놓치는 경우도 많다. 심지어 검찰에서도 특가법 적용대상이 아닌 것을 특가법으로 기소한 사건도 간혹 발생한다. 이 경우 재판단계에서 반드시 특가법이 아닌 관세법으로 공소장 변경을 이끌어 내야 한다.

특가법사건의 벌금의 경우 유일하게 방어할 수 있는 방법이 선고유예판결이다. 벌금은 '주형'이기 때문에, 징역에 대하여는 집행유예를 하고 벌금에 대하여만 따로 선고유예를 하는 것이 법리적으로 가능하다. 선고유예의 형식적 요건에 해당할 경우, 유사사건에서 벌금을 선고유예한 사건의 판결문을 많이 제출하여 벌금을 선고유예 받도록 하는 것이 특가법 사건의 쟁점이다.

실형이 선고될 수도 있나요?

재판부에서 실형을 선고할지 여부는 여러 가지 양형요소를 반영하여 결정한다. 관세법위반 사건의 경우 전과유무, 동종전과 유무, 물품원가 및 범칙시가, 범행횟수, 범행기간, 취득한 이익, 수입한 물품이 국민건강이나 안전에 위해를 발생시키는지 여부, 조직적 범행인지 여부, 세금 납부 여부 등의 여러 가지 요소가 고려된다.

> **형법**
>
> **제62조(집행유예의 요건)**
> ① 3년 이하의 징역이나 금고 또는 500만원 이하의 벌금의 형을 선고할 경우에 제51조의 사항을 참작하여 그 정상에 참작할 만한 사유가 있는 때에는 1년 이상 5년 이하의 기간 형의 집행을 유예할 수 있다. 다만, **금고 이상의 형을 선고한 판결이 확정된 때부터 그 집행을 종료하거나 면제된 후 3년까지의 기간에 범한 죄에 대하여 형을 선고하는 경우에는 그러하지 아니하다.**

형사재판이 진행되는 사건의 경우, 가장 먼저 본인이 집행유예 결격 사유인지를 파악해야 한다. 형법 제62조에서는 집행유예의 요건을 규정하고 있다.

이를 쉽게 설명하면 다음과 같다. 첫 번째로 실형전과가 있는 경우에는, 출소 후 3년 내의 기간에 범한 죄에 대하여는 집행유예가 불가능하다. 따라서 출소 후 3년 내에 저지른 범행에 대하여 재판을 받게 될 경우에는, 집행유예 결격사유에 해당하므로 집행유예 선고가 불가능하다.

두 번째로 집행유예 전과가 있는 경우이다. 집행유예 기간 중에 행한 범행에 대하여는 집행유예 선고가 불가능하다. 다만 대법원 판례에 따르면 판결 선고 시에 집행유예 기간이 도과한 경우에는 집행유예가 가능하다. 따라서 집행유예 기간 중에 행한 범행에 대하여 재판을 받게 될 경우에는, 해당 판결 선고 시에 집행유예 기간이 도과할 수 있는지를 반드시 체크해야 한다.

대법원 2007. 2. 8. 선고 2006도6196 판결

집행유예 기간 중에 범한 죄에 대하여 형을 선고할 때에, 집행유예의 결격사유를 정하는 형법 제62조 제1항 단서 소정의 요건에 해당하는 경우란, 이미 집행유예가 실효 또는 취소된 경우와 그 선고 시점에 미처 유예기간이 경과하지 아니하여 형 선고의 효력이 실효되지 아니한 채로 남아 있는 경우로 국한되고, 집행유예가 실효 또는 취소됨이 없이 유예기간을 경과한 때에는, 형의 선고가 이미 그 효력을 잃게 되어 '금고 이상의 형을 선고'한 경우에 해당한다고 보기 어려울 뿐 아니라, 집행의 가능성이 더 이상 존재하지 아니하여 집행종료나 집행면제의 개념도 상정하기 어려우므로 위 단서 소정의 요건에 해당하지 않는다고 할 것이므로, 집행유예 기간 중에 범한 범죄라고 할지라도 집행유예가 실효 취소됨이 없이 그 유예기간이 경과한 경우에는 이에 대해 다시 집행유예의 선고가 가능하다.

관세법위반 사건의 경우, 법정형이 높은 특가법 사건, 밀수입, 관세포탈 사건에서 실형이 선고되는 비율이 높다. 또한 수입물품이 금괴, 마약, 수입금지품, 수입이 제한되는 물품인 경우에는 비난가능성이 높아 다른 물품에 비행 실형가능성이 높다.

범행규모면에서는 물품원가가 크고 관련되어 있는 공범이 많은 경우에는 실형가능성이 더 높아진다. 반대로 의류, 신발, 잡화, 전자기기 등 일상용품인 경우, 범행형태가 일반소비자를 상대로 하는 해외직구나 구매대행인 경우에는 실형이 선고될 가능성은 상대적으로 낮다. 다만 이 경우에는 고액의 필요적 추징을 방어하는 것이 쟁점이 된다.

추징금은 얼마나 나오나요?

―

금지품수출입 및 밀수출입죄의 경우 해당 수출입물품은 몰수대상이다. 그리고 해당 물품이 판매되었거나 소유권이 변경되었거나 수출되는 등의 사유로 몰수할 수 없을 경우에는, 국내도매가격 상당액을 추징한다.

관세법

제282조 (몰수 · 추징)

① 제269조제1항(제271조제3항에 따라 그 죄를 범할 목적으로 예비를 한 자를 포함한다)의 경우에는 그 물품을 몰수한다.

② 제269조제2항(제271조제3항에 따라 그 죄를 범할 목적으로 예비를 한 자를 포함한다. 이하 이 조에서 같다), 제269조제3항(제271조제3항에 따라 그 죄를 범할 목적으로 예비를 한 자를 포함한다. 이하 이 조에서 같다) 또는 제274조제1항제1호(같은 조 제3항에 따라 그 죄를 범할 목적으로 예비를 한 자를 포함한다. 이하 이 조에서 같다)의 경우에는 범인이 소유하거나 점유하는 그 물품을 몰수한다. 다만, 제269조제2항 또는 제3항의 경우로서 다음 각 호의 어느 하나에 해당하는 물품은 몰수하지 아니할 수 있다.

1. 제154조의 보세구역에 제157조에 따라 신고를 한 후 반입한 외국물품
2. 제156조에 따라 세관장의 허가를 받아 보세구역이 아닌 장소에 장치한 외국물품
3. 「폐기물관리법」 제2조제1호부터 제5호까지의 규정에 따른 폐기물
4. 그 밖에 몰수의 실익이 없는 물품으로서 대통령령으로 정하는 물품

③ 제1항과 제2항에 따라 몰수할 물품의 전부 또는 일부를 몰수할 수 없을 때에는 그 몰수할 수 없는 물품의 범칙 당시의 국내도매가격에 상당한 금액을 범인으로부터 추징한다. 다만, 제274조제1항제1호 중 제269조제2항의 물품을 감정한 자는 제외한다.

여기서 중요한 것은 추징금 액수가 '국내도매가격'이라는 점이다. 금괴 등 객관적인 시세가 정해져 있는 물품은 해당금액을 추징금으로 산정하지만, 사실 그 외에 대부분의 물품은 객관적인 국내도매가격을 산정할 수 없는 경우가 많다. 이때에는 시가역산율표에 근거하여 국내도매가격을 산정한다. 시가역산율표에 근거하여 추징금을 산정하게 될 경우, 대략 물품원가의 1.7배~2배 정도가 추징금으로 산정된다. 즉 물품원가가 3억원이라고 했을 경우, 약 5억원 ~ 6억원 정도가 추징금으로 산정된다.

시가역산율표(수입물품 과세가격 결정에 관한 고시)

개별 소비세 (S)	교육세 (E)	관세(C)									
		8	9	10	13	15	18	20	25	30	50
0	0	636	631	627	614	606	594	587	568	551	491
*5	10	610	606	602	589	582	570	563	545	528	470
7	30	595	591	586	574	567	555	548	530	514	458
10	30	579	575	571	559	551	540	533	516	500	445
10.5	30	576	572	568	556	549	538	530	513	497	442

이렇게 시가역산율표에 근거한 추징금 산정이 적법한 것인지에 관하여, 대법원에서는 시가역산율표에 의한 국내도매가격의 산정을 위법하다고 할 수 없다고 판시하고 있다. 다만 이 경우에도 국내도매가격을 객관적인 방법으로 확인할 수 있을 경우에는, 당연히 해당 국내도매가격을 기준으로 추징금을 산정해야 한다.

대법원 2005. 9. 30. 선고 2005도4614 판결

관세법 시행령 제266조는 관세법 제282조 제3항에서 '국내도매가격'이라 함은 도매업자가 수입물품을 무역업자로부터 매수하여 국내도매시장에서 공정한 거래방법에 의하여 공개적으로 판매하는 가격을 말한다고 규정하고 있는바, 관세법상의 국내도매가격은 물품의 도착원가에 관세 등의 제세금과 통관절차비용 및 기업의 적정이윤까지 포함한 국내 도매물가시세인 가격을 뜻하는 것이고, 그리고 국내도매가격의 산정방식의 하나인 "시가역산율표"에 의한 산정도 수입항 도착가격이나 감정가격을 기초로 관세 등의 제세금과 통관절차비용 및 기업의 적정이윤까지 포함하여 산정하는 것인 이상 **이러한 방식에 의하여 산정한 국내도매가격이 실제의 가격과 차이가 있다는 달리 유력한 자료가 없는 한, 이 시가역산율표에 의한 국내도매가격의 산정을 위법하다고 할 수 없다.**

결론적으로는 금괴 등을 제외한 대다수의 물품들은 시가역산율표에 근거에 추징금이 산정되고, 물품원가의 1.7배 ~ 2배 정도의 고액으로 산정되는 경우가 대부분이다. 그리고 추징금 산정은 세관단계에서 진행되고, 세관에서 추징할 액수를 계산하여 수사기록에 첨부하여 검찰에 송치한다. 검찰에서는 세관에서 계산한 금액을 그대로 구형하고, 관세법상 추징은 필요적 추징이기 때문에 법원에서도 검찰이 구형한 금액을 그대로 선고하는 것이 원칙이다.

취득한 이익이 얼마 되지 않는데,
추징금은 왜 이렇게 많이 나오나요?

___

추징에는 징벌적 추징과 이익박탈적 추징이 있다. 징벌적 추징은 추징을 반드시 선고하여야 하고(필요적 추징), 추징금의 액수가 정해져 있어 판사가 임의로 감경하지 못하며, 공범이 있을 경우 각 공범에게 모두 추징을 선고해야 한다(연대추징).

반면 이익박탈적 추징은 취득한 불법이익의 박탈을 목적으로 하기 때문에, 취득한 이익만큼만 추징할 수 있다.

관세법위반 사건의 경우 대법원에서 '징벌적 추징'이라고 해석하고 있기 때문에, 본인이 취득한 이익만큼만 추징하는 것이 아니라, 관세법에서 규정하고 있는 도매가격상당액을 전부 추징하는 것이다. 이 때문에 본인이 취득한 이익보다 추징의 규모가 훨씬 커지는 것이다.

대법원 2018. 2. 8. 선고 2017도15561 판결

관세법상의 추징은 일반 형사법에서의 추징과는 달리 징벌적 성격을 띠고 있어 여러 사람이 공모하여 관세를 포탈하거나 관세장물을 알선, 운반, 취득한 경우에는 범인 중 1인이 그 물품을 소유하거나 점유하였다면 그 물품의 범죄 행위 당시 국내도매가격에 상당한 금액을 그 물품의 소유 또는 점유사실의 유무를 불문하고 범인 전원으로부터 각각 추징할 수 있는 것이고, 범인이 밀수품을 소유하거나 점유한 사실이 있다면 압수 또는 몰수가 가능한 시기에 범인이 이를 소유하거나 점유한 사실이 있는지 여부에 상관없이 관세법 제282조에 따라 몰수 또는 추징할 수 있다.

추징금을 면제받으려면
어떻게 해야 하나요?

■ 추징금을 선고유예 받는 방법

관세법위반 사건에서 추징금을 면제받는 방법 중 가장 대표적인 방법이 바로 추징에 대하여 '선고유예' 판결을 받는 것이다. 선고유예란 뉘우치는 정상이 뚜렷한 자에 대하여 일정한 요건을 갖춘 경우 선처하는 것으로서, 2년이 지나면 해당 형이 면소된 것으로 간주되는 판결이다. 2년이 경과하여 면소효과가 발생할 경우 전과기록에도 남지 않기 때문에, 형사재판단계에서 선처받을 수 있는 방법 중에서 피고인에게 가장 유리한 판결이다.

형법

제59조 (선고유예의 요건)
① 1년 이하의 징역이나 금고, 자격정지 또는 벌금의 형을 선고할 경우에 제51조의 사항을 고려하여 뉘우치는 정상이 뚜렷할 때에는 그 형의 선고를 유예할 수 있다. 다만, 자격정지 이상의 형을 받은 전과가 있는 사람에 대해서는 예외로 한다.

② 형을 병과할 경우에도 형의 전부 또는 일부에 대하여 선고를 유예할 수 있다.

제60조(선고유예의 효과)
형의 선고유예를 받은 날로부터 2년을 경과한 때에는 면소된 것으로 간주한다.

제61조(선고유예의 실효)
① 형의 선고유예를 받은 자가 유예기간 중 자격정지 이상의 형에 처한 판결이 확정되거나 자격정지 이상의 형에 처한 전과가 발견된 때에는 유예한 형을 선고한다.
② 제59조의2의 규정에 의하여 보호관찰을 명한 선고유예를 받은 자가 보호관찰기간 중에 준수사항을 위반하고 그 정도가 무거운 때에는 유예한 형을 선고할 수 있다.

선고유예의 요건을 보면, '1년 이하의 징역이나 금고, 자격정지 또는 벌금을 선고할 경우'라고 되어 있다. 징역, 금고, 자격정지, 벌금은 주형을 의미하는 것이고, 부가형인 추징에 대하여는 선고유예 대상이 되는지에 관하여는 형법에서 규정하고 있지 않다. 이에 대하여 대법원에서는 일관되게 주형을 선고유예 하는 경우에는 부가형인 몰수나 추징에 대하여도 선고유예가 가능하다고 판시하고 있다.

대법원 1978. 4. 25. 선고 76도2262 판결

　형법 제49조 본문에 의하면 몰수는 타형에 부가하여 과한다라고 하여 몰수형의 부가성을 명정하고 있으나 동조 단서는 행위자에게 유죄의 재판을 아니할 때에도 몰수의 요건이 있는 때에는 몰수만을. 선고할 수 있다고 규정하여 몰수의 부가성에 대한 예외를 인정하고 있으므로 형법 제59조에 의하여 형의 선고의 유예를 하는 경우에도 몰수의 요건이 있는 때에는 몰수형만의 선고를 할 수 있다고 해석할 수는 있으나 (대법원 1973.12.11. 선고 73도1133 판결참조) 그렇다고 하여 **주형을 선고유예하는 경우에 언제나 반드시 부가형인 몰수나, 또는 몰수에 갈음하여 부가형적 성질을 띠는 추징을 선고유예 하여서는 안된다고 해석할 수는 없다고 할 것이니,** 본 건에 있어서 관세법 제181조, 제198조 및 형법 제59조에 의하여 피고인에 대하여 벌금형을 선고유예하면서 몰수하기 불능한 수입 우지의 범칙 당시의 국내도매가격에 상당한 금 2,267,550원의 추징을 선고유예한 원판결이 위법하다고는 할 수 없다.

　따라서 추징에 대하여 선고유예 판결을 받기 위해서는, 추징만 분리하여 선고유예를 하는 것은 불가능하고, 주형과 함께 묶어서 선고유예 판결을 받아야 한다. 실제로 내가 담당한 사건 중 추징금을 면제받는 사건들은 대부분 선고유예 판결을 통해 선처받는 사건들이다.

추징금에 대하여 선고유예 판결을 받기 위해서는 기본적으로 선처해 달라는 취지의 변론을 해야 한다. 그런데 선고유예는 전과 자체를 없애 주는 강력한 효과가 있기 때문에, 재판부 입장에서도 일반적으로 선뜻 선택하는 판결은 아니다. 그래서 사건에 대한 변론과, 의뢰인 개인에 대한 양형사유를 충실하게 준비하여야 하고, 무엇보다 유사한 사건이나 규모가 더 큰 사건에서 선고유예 판결을 한 하급심 판결문을 다수 제출하여 재판부를 설득하여야 한다.

■ 임의적 추징을 근거로 면제받는 방법

관세법상 추징은 필요적 추징으로서, 추징금의 금액이 정해져 있고, 정해진 금액을 반드시 선고하여야 하는 것이 원칙이다. 다만 예외적으로 관세법상 보세구역에 반입신고가 된 물품들의 경우, 임의적 몰수대상이기 때문에 이를 근거로 추징을 제외해 달라는 주장이 가능하다.

관세법

제282조 (몰수·추징)
② 제269조제2항(제271조제3항에 따라 그 죄를 범할 목적으로 예비를 한 자를 포함한다. 이하 이 조에서 같다), 제269조제3항(제271조제3항에 따라 그 죄를 범할 목적으로 예비를 한 자를 포함한다. 이하 이 조에서 같다) 또는 제274조제1항제1호(같은 조 제3항에 따라 그 죄를 범할 목적으로 예비를 한 자를 포함한다. 이하 이 조에서 같다)의 경우에는 범인이 소유하거나 점유하는 그 물품을 몰수한다. 다만, 제269조 제2항 또는 제3항의 경우로서 **다음 각 호의 어느 하나에 해당하는 물품은 몰수하지 아니할 수 있다.**

1. **제154조의 보세구역에 제157조에 따라 신고를 한 후 반입한 외국물품**
2. 제156조에 따라 세관장의 허가를 받아 보세구역이 아닌 장소에 장치한 외국물품
3. 「폐기물관리법」제2조제1호부터 제5호까지의 규정에 따른 폐기물
4. 그 밖에 몰수의 실익이 없는 물품으로서 대통령령으로 정하는 물품

③ 제1항과 제2항에 따라 몰수할 물품의 전부 또는 일부를 몰수할 수 없을 때에는 그 몰수할 수 없는 물품의 범칙 당시의 국내도매가격에 상당한 금액을 범인으로부터 추징한다. 다만, 제274조제1항제1호 중 제269조제2항의 물품을 감정한 자는 제외한다.

위와 같이 관세법 제282조 제2항 제1호에서는, 관세법 제154조의 보세구역에 제157조에 따라 신고를 한 후 반입한 물품에 대하여는 필요적 몰수대상에서 제외하고 있다. 만약 필요적 몰수대상이 아니라면 필요적 추징에서도 제외되어, 추징의 성격이 '임의적 추징'으로 전환될 수 있다.

그런데 추징의 성격이 '임의적 추징'이 된다고 해도, 이는 추징을 선고할지 말지 여부를 판사의 재량에 따라 선택할 수 있다는 것뿐이지, 실제로 판사가 추징을 선고하지 않는다는 뜻이 아니다.

그동안 임의적 추징이 적용되는 사건에서 많은 변호인들이 추징을 면제해 달라고 주장했지만, 2020년대 이전까지는 재판부에서 임의적 추징사건에서도 추징금을 거의 선처해 주지 않았다. 내가 2021년에 담당했던 사건에서 전액 면제받은 사례가 있는데, 코로나 초기에 체온계를 수입하면서 목록통관의 방법으로 밀수입한 사건이었다.

당시 나는 재판부에 여러 가지 양형사유와 함께, 본 사건이 필요적 추징이 아니라 임의적 추징이라는 점을 강조하면서 열심히 변론을 하였다. 당시 법원도서관에서 임의적 추징사건의 비공개 하급심 판례를 모두 확인해 보았는데, 당시까지 임의적 추징 사건에서 실제로 추징을 선고하지 않은 사례가 하나도 없었다. 즉 임의적 추징 사건임에도 선처해준 사례가 전혀 없었던 것이다.

그리고 당시 사건을 담당하던 재판부에서 직접 나에게 전화를 하여 통화도 하였는데, 판사님께서도 '하급심 판례를 찾아보니 전부 추징을 선고한 사례밖에 없다'라고 하면서, 법리적인 부분에 관하여 고민을 하셨다. 형사사건에서 담당 재판장이 변호인에게 직접 전화를 하는 경우는 많지 않다. 그만큼 당시 재판부에서도 많은 고민을 하였던 것 같고, 무엇보다 당시만 하더라도 임의적 추징사건에서 실제로 추징을 선고하지 않은 사례가 없었기 때문에 더더욱 고민을 하였던 것 같다.

나는 해당 사건에서 기존 임의적 추징 사건에서 추징을 선고한 사례들과 본 사건의 차이점에 중점을 두어 변호인 의견서를 제출하였고, 결국 재판부에서는 추징을 선고하지 않는 판결을 내렸다. 그리고 그 이후 같은 법원에서 다른 변호사님이 담당한 사건에서 또 한 번 추징을 선고하지 않는 사건이 있었다. 그 이후 2022년에 내가 담당한 부산지방법원 항소심에서 수입물품 중 일부 임의적 추징 대상 물품에 관하여 추징을 선고하지 않은 사건이 있었다.

현재 내가 진행하고 있는 임의적 추징 대상 사건들을 보면, 재판부에서는 여전히 임의적 추징인 사건에서도 선처를 해 주고자 할 경우에, 추징을 선고하지 않는 판결보다는 추징에 대한 선고유예를 통해 선처하는 것을 선호한다. 어쨌든 임의적 추징 대상이라는 것 자체가 사건에 대한 비난가능성을 낮게 볼 수 있는 근거가 되고, 피고인 입장에서도 주형과 함께 선고유예 될 경우, 면소판결의 효과로 전과가 없어지게 되기 때문에, 선고유예가 가능할 경우에는 임의적 추징 사건이라고 해도 이 방법으로 진행되는 것이 여러 모로 유리하다.

　결론적으로 임의적 추징 대상 사건인 경우, 먼저 변호인이 해당사건이 임의적 추징 대상사건이라는 것을 빠르게 파악할 수 있어야 하고, 임의적 추징 대상 사건이 일반 사건보다 비난가능성이 낮다는 변론을 반드시 설득력 있게 주장하여야 한다. 그리고 단순히 추징을 선고하지 말아 달라는 주장만 할 것이 아니라, 선고유예 주장도 같이 하여야 추징금을 면제받을 수 있는 확률을 높일 수 있다.

■ 검찰단계에서 기소유예 처분을 받는 방법

　기소유예처분은 범죄사실은 인정되지만 사건의 규모, 중대성, 양형사유 등을 종합적으로 고려하여 검찰 측에서 해당사건을 기소하지 않는 처분이다. 검찰단계에서 선처 받을 수 있는 대표적인 관대한 처분으로서, 기소유예 처분을 받게 되면 사건이 검찰단계에서 종결되고 재판으로 넘어가지 않는다. 또한 유죄판결이 아니므로 전과기록에도 남지 않는다.

관세법위반 사건에서 기소유예 처분을 받게 될 경우, 아무런 처벌을 받지 않게 되기 때문에 벌금은 물론 추징금도 당연히 면제받게 된다. 따라서 사건의 규모가 통고처분 금액을 살짝 초과하는 사건인 경우나, 세금을 전부 납부한 경우, 목록통관 등 비난가능성이 낮은 유형의 경우에는 사안에 따라 검찰단계에서 기소유예 처분을 받아 사건을 빠르게 종결시키기도 한다.

이때에도 재판단계에서 선고유예 판결을 받는 전략과 동일하게, 유사한 사건이나 규모가 더 큰 사건에서 기소유예 등으로 선처한 사건의 처분서 등을 다수 재출하여 검찰을 설득시키는 변론방향이 중점이 될 것이다.

형사소송법

제247조(기소편의주의)
검사는 「형법」 제51조의 사항을 참작하여 공소를 제기하지 아니할 수 있다.

검찰사건사무규칙

제98조 (사건의 결정)
검사가 사건의 수사를 종결할 때에는 수사준칙 제52조제1항에 따라 다음 각 호의 구분에 따른 결정을 한다.

2. 불기소
가. **기소유예**

■ 공소기각, 면소판결, 무죄판결을 받는 방법

관세법위반 사건의 경우 관세법 제284조 제1항에 따라 관세청장이나 세관장의 고발이 공소제기의 요건이다. 만약 관세청장이나 세관장의 고발이 없으면 형사소송법 제327조 제2호에 따라 공소제기절차가 법률의 규정을 위반하여 무효인 때에 해당하여 공소기각사유에 해당한다.

관세청장이나 세관장의 고발이 있었는지 여부를 확인하기 위해서는 증거기록을 열람하여 고발장이 첨부가 되어 있는지를 확인해 보아야 한다. 만약 고발장이 첨부되어 있지 않다면 이를 재판단계에서 주장하여 공소기각판결로 사건을 종결할 수 있다.

형사소송법

제327조 (공소기각의 판결)
다음 각 호의 경우에는 판결로써 공소기각의 선고를 하여야 한다.
2. 공소제기의 절차가 법률의 규정을 위반하여 무효일 때

관세법

제284조 (공소의 요건)
① 관세범에 관한 사건에 대하여는 관세청장이나 세관장의 고발이 없으면 검사는 공소를 제기할 수 없다.

관세법위반 사건에서는 종종 면소판결이 선고되기도 하는데, 대표적인 면소판결 사유는 공소시효가 도과한 경우다. 공소시효가 도과한 후

공소가 제기된 경우에는 형사소송법 제326조 제3호에 따라 면소판결을
선고하여야 한다.

　관세법위반 사건의 경우 마지막 수출입일로부터 공소시효가 기산되
는 것이 아니라, 각 수출입행위별로 별도로 각1죄가 경합범으로 성립한
다. 따라서 각 수출입일자로부터 각 공소시효가 계산되기 때문에, 범죄
일람표에 기재된 수회의 범행 중 일부가 공소시효가 도과하여 해당 부
분만 면소판결이 선고되는 경우가 있다.

　공소장을 받게 되면 첫 번째로 확인해 보아야 하는 것이 범죄일람표
의 범행일자를 검토하여 공소시효가 도과했는지 여부를 보아야 하고,
두 번째로는 앞서 언급한 관세청장이나 세관장의 고발장이 첨부되어 있
는지를 증거기록을 통해 확인해 보아야 한다. 공소기각이나 면소판결
대상이 될 경우 사건을 쉽게 종결시킬 수 있기 때문이다.

대법원 2000. 11. 10. 선고 99도782 판결

수입물품의 수입신고를 하면서 과세가격 또는 관세율 등을 허위로 신고하여 수입하는 경우에는 그 수입신고시마다 당해 수입물품에 대한 정당한 관세의 확보라는 법익이 침해되어 별도로 구성요건이 충족되는 것이므로 각각의 허위 수입신고시마다 1개의 죄가 성립한다 할 것이다.

마지막으로 무죄판결을 받게 되면 당연히 추징도 선고되지 않는다. 범행에 대한 고의성이 입증되지 않는 경우, 범행가담 여부에 대한 증명이 없는 경우, 구성요건해당성이 없는 경우 등 무죄주장을 하는 사건의 경우 사건의 내용에 따라 다양한 근거를 바탕으로 변론이 진행된다.

증인신청 등 각종 증거제출이 이루어지기 때문에 무죄주장을 하는 사건은 그만큼 변론도 수차례 잡히는 경우가 많아 재판이 길어진다. 특히 관세법위반 사건은 단순 고의성 부인보다는, 법리적으로 범죄가 성립되지 않는다는 주장이나 구성요건해당성이 없다는 점을 근거로 무죄주장을 하는 케이스가 많기 때문에, 재판부에서도 법리적인 검토를 통해 유무죄의 결론을 내는 경우가 많다.

형사소송법

제325조 (무죄의 판결)
피고사건이 범죄로 되지 아니하거나 범죄사실의 증명이 없는 때에는 판결로써 무죄를 선고하여야 한다.

처벌수위를 낮추려면
어떻게 해야 하나요?
—

먼저 자신의 케이스가 어느 정도의 처벌수위가 예상되는지를 파악하여야 한다. 크게 3가지로 나눌 수 있는데, 실형이 나올 가능성이 있는 사건, 고액의 벌금이 선고될 수 있는 특가법 사건, 추징금이 선고되는 사건으로 나눌 수 있다.

실형이 예상되는 규모의 사건의 경우, 집행유예 결격사유가 아닌지를 먼저 검토해야 한다. 실형전과가 있는 경우에는, 출소 후 3년 내의 기간에 범한 죄에 대하여는 집행유예가 불가능하다. 집행유예 기간 중에 행한 범행에 대하여 재판을 받게 될 경우에는, 해당 판결 선고 시에 집행유예 기간이 도과할 수 있는지를 반드시 체크해야 한다.

고액의 벌금이 선고될 수 있는 특가법사건의 경우, 선고유예 결격사유에 해당하는지를 검토해야 한다. 자격정지 이상의 형(자격정지, 금고, 징역)의 전과가 있는 경우에는 선고유예 결격사유에 해당하기 때문에, 고액의 벌금을 선처받기 어려워진다.

추징금이 예상되는 사건의 경우도 먼저 선고유예 결격사유인지를 체크하고, 수입한 물품이 필요적 추징 대상인지 임의적 추징 대상인지를 검토해야 한다.

처벌수위를 낮추기 위해 가장 중요한 작업은, 유사한 사건의 판례를 제출하는 것이다. 관세법위반은 일반 형사사건에 비해 드물기 때문에, 법원에 따라 담당재판부에서도 경험이 많지 않을 수 있다. 사건에 따라 처벌수위가 천차만별인 경우가 많기 때문에, 재판부에서도 해당 사건에 대하여 어느 정도로 처벌해야 적절한 것인지에 대한 판단이 어려울 수 있다.

나는 하급심 판례를 충실하게 제출하는 것에 시간과 노력을 많이 들이는데, 의뢰인의 사건과 유사하거나 규모가 더 큰 사건에서 선처한 사례를 제출하는 것이, 실제로 처벌수위를 낮추는 데에 가장 효과적이기 때문이다.

또한 법리적인 부분에서 본인의 사건이 비난가능성이 많지 않다는 점을 부각시키는 것도 처벌수위를 낮추기 위한 중요한 전략이다. 목록통관의 경우 중요한 정보는 신고가 되기 때문에 일반 무신고수입보다는 비난가능성이 낮다는 주장을 할 수 있고, 범행을 혼자 한 경우에는 조직적 범행이 아니라는 주장을 할 수 있고, 범행 가담 측면에서 본인이 주범이 아닌 경우에도 비난가능성이 낮아지게 된다. 또한 취득한 이익을 계산하여, 실제 취득한 이익이 많지 않고 생계형 범죄라는 점을 구체적인 자료와 함께 주장하는 것도 매우 중요하다.

일반 형사사건의 경우 법조문에서 '어떤 행위를 하지 말 것'을 규정하고 이를 위반하면 처벌하는 형식으로 되어 있다. 관세법위반 사건의 경우 '(수입신고 등) 어떠한 행위를 할 것'을 규정하고, 이를 하지 않으면 처벌하는 형식으로 되어 있기 때문에, 피의자나 피고인으로서는 이러한 작위의무의 존재 자체를 모르는 경우도 많다. 이렇게 먼저 의무규정을 부과하고 이를 이행하지 않을 경우 처벌하고 있는 현행 관세법 구조상, 피고인이 수입신고 등 의무를 다 하지 않은 것에 대한 인식이 미약할 수밖에 없었다는 주장을 통해 사건의 비난가능성을 낮다는 점도 형사재판 때에 어필하는 것이 좋을 것이다.

그 밖에도 개인에 대한 양형사유도 충실하게 준비하여야 한다. 경제적 사정이 어렵다는 점, 이 사건으로 인해 취득한 이익이 많지 않다는 점, 피해자가 없는 범죄라는 점, 가족을 부양하고 있다는 점, 건강상태, 현재는 범행을 중단하였다는 점, 최종적으로 포탈한 관세가 많지 않다는 점, 세관조사 이후 관세를 납부하였다는 점 등 개인의 사정에 따라 여러 가지 양형사유를 주장할 수 있을 것이다.

해외직구와
관세법 위반

해외직구한 물건을 판매하면
왜 관세법을 위반하는 것인가요?

1) 목록통관 물품의 경우

판매용으로 수입하는 물품은 관세법에 따라(가격에 상관없이) 정식 수입신고를 하여야 한다. 그런데 판매용 물품을 수입하면서 목록통관을 하게 될 경우, 정식수입신고가 되지 않는다. 목록통관은 자가사용용도 및 면세한도이하의 요건을 갖출 경우에만 허용되는 제도이고, 판매용 물품은 목록통관 할 수 없다. 따라서 판매용 물품을 수입신고하지 않고 목록통관 할 경우, 관세법 제269조 제2항에 따라 '밀수입죄'로 처벌된다. 해외직구한 물건을 판매하여 관세법 위반이 성립하는 경우가 대부분 이 유형이다.

관세법

제269조(밀수출입죄)
② 다음 각 호의 어느 하나에 해당하는 자는 5년 이하의 징역 또는 관세액의 10배와 물품원가 중 높은 금액 이하에 상당하는 벌금에 처한다.

  1. 제241조제1항·제2항 또는 제244조제1항에 따른 신고를 하지 아니하고 물품을 수입한 자. 다만, 제253조제1항에 따른 반출신고를 한 자는 제외한다.
  2. 제241조제1항·제2항 또는 제244조제1항에 따른 신고를 하였으나 해당 수입물품과 다른 물품으로 신고하여 수입한 자

2) 수입신고는 한 경우

자가사용물품이라도, 품목에 따라서는(자신이 수입신고를 하지 않아도) 수입신고가 진행되는 물건들이 있다. 대표적으로 먹는 것, 피부에 바르는 것, 전자기기 등이 해당한다. 본인이 수입신고를 하지 않았더라도 배송대행업체에서 계약이 되어 있는 관세사가 물품의 HS코드를 확인하고 수입신고를 진행한 것이다. 이러한 물건들을 판매용으로 수입할 경우에는, 수입신고 외에 추가적인 요건이 필요하다. 쉽게 말해 제품이 안전한지, 먹어도 되는 것인지, 인체에 유해하지는 않은지, 화재의 위험성은 없는지 등을 확인하는 절차가 필요한 것이다. (식품수입신고, 검역절차, 전파법상 인증 등등)

따라서 위와 같은 물품들은 수입신고가 되었더라도, (자가사용 용도라고 하면서 수입할 경우) 추가요건 절차를 거치지 않고 수입한 것이 된다. 그래서 이러한 물품들을 판매용으로 수입하면서 추가요건 절차를 거치지 않은 경우에는, 관세법 제270조 제2항에 따라 '부정수입죄'로 처벌된다. 또한 수입신고는 되었지만 면세혜택을 받은 경우 부정감면죄에도 해당한다.

관세법

제270조(관세포탈죄 등)
② 제241조제1항·제2항 또는 제244조제1항에 따른 수입신고를 한 자 중 법령에 따라 수입에 필요한 허가·승인·추천·증명 또는 그 밖의 조건을 갖추지 아니하거나 부정한 방법으로 갖추어 수입한 자는 3년 이하의 징역 또는 3천만원 이하의 벌금에 처한다.

목록통관이 무엇인가요?

목록통관이란, '자가 사용 목적의 물품 + 면세한도 내'의 요건을 갖춘 수입물품의 경우 정식수입신고 절차를 거칠 필요 없이, 물품의 품명, 가격, 개수 등의 간략한 정보(목록)만으로 통관하도록 하는 제도를 말한다.

개인이 해외직구를 하면서 관세를 내지 않고 면세 통관되는 물건들은, 거의 대부분 목록통관되는 물건이라고 보면 된다. 앞서 언급한 대로 목록통관으로 수입된 물건은 정식수입신고 된 물건이 아니라서, 수입신고필증이 발행되지 않는다.

대법원 판례에서도, 판매용물품을 목록통관(간이통관면세) 한 경우에는 관세법상 밀수입죄가 성립한다고 다음과 같이 판시하고 있다.

대법원 2008. 6. 26. 선고 2008도2269. 판결

【판시사항】
[1] 간이통관절차의 대상이 아닌 상용물품을 부정한 방법으로 간이통관절차를 거쳐 면세통관한 경우, 관세법상 밀수입죄의 성립 여부(적극)

【판결요지】
[1] 관세법 제241조 제2항에서 규정하고 있는 간이통관절차의 대상 물품에 해당하지 않는 상용물품을 수입하면서, 같은 조 제1항에서 규정하고 있는 일반수입신고를 하지 아니하고 부정한 방법을 이용하여 간이통관절차를 거쳐 통관하였다면, 이러한 수입행위는 적법한 수입신고 절차 없이 통관한 경우에 해당하므로 관세법 제269조 제2항 제1호의 밀수입죄를 구성한다.

해외직구한 물건이 사이즈가 안 맞거나,
맘에 안 들어서 어쩔 수 없이 판매하면 관세법 위반인가요?
—

판매용으로 물품을 수입했는지 여부는, '수입 당시'에 판매목적을 가지고 수입한 것인지 기준으로 결정한다. 따라서 수입된 '이후'에 발생한 사유(사이즈 문제 등)로 직구한 물품을 판매할 경우, 엄밀히 따지면 관세법 위반이 성립되지 않는다고 보아야 한다. 왜냐하면 이 경우 '수입 당시'에는 판매할 목적이 없었기 때문에, 관세법 위반에 대한 고의성 및 구성요건해당성이 없기 때문이다. 수입 당시 판매목적이 있었는지 여부를 입증하는 것은 간단한 일은 아니다. 고의는 내심의 의사이기 때문에 수입 당시의 정황이나 간접증거 등을 통해 입증할 수밖에 없다.

어찌되었든 '수입 당시'에는 본인이 사용할 목적으로 수입한 물품의 경우, 수입 '이후'의 사정(사이즈가 안 맞거나 맘에 들지 않는 등)으로 물품을 판매하여도 밀수입죄가 성립되기는 힘들다고 보아야 할 것이다.

해외에서 직구한 물건을 사용하다가,
중고로 판매해도 되나요?
—

앞서 언급한 바와 같이, 판매용도로 수입한 것인지의 여부는, '수입 당시'를 기준으로 결정한다. 따라서 물품을 본인이 사용하다가 수입된 '이후'의 사정으로 중고로 판매하게 된 경우에는, 법리적으로 관세법 위반이 성립하지 않는다고 보아야 할 것이다.

다만 수입 당시 판매목적이 있었는지의 여부는 수입 당시의 정황이나 간접증거들을 통해 입증할 수밖에 없는데, 그동안 수입하는 물건의 양이 많거나, 판매형태 등을 볼 때 자가사용 목적을 넘는다고 보이는 경우에는, 판매목적으로 수입한 것이라고 인정될 수 있으므로 유념하여야 한다.

오래전에 해외직구한 물건이 있는데, 혹시 세관에서 추후에 문제 삼을 수도 있나요?

일단 어떤 사건이 세관조사 대상이 되면, 기본적으로 수년 전의 수입기록도 모두 검토한다. 관세청에서는 목록통관하여 수입된 물품들에 관한 정보를 보관하고 있기 때문이다. 그리고 예상되는 죄명에 따른 공소시효를 기준으로, 수년 전에 수입한 물품도 범칙물품으로 포함하여 조사를 한다. 따라서 현장에서 압수되거나 수입 당시에 압수된 물품만 범칙대상으로 보는 것이 아니라, 수년 전부터 수입한 모든 건들에 관하여도 조사대상에 포함시켜 조사를 진행한다. 예를 들어 밀수입죄의 경우 공소시효가 7년이고, 관세포탈죄의 경우 5년인데, 세관에서는 공소시효를 기준으로 기존의 수입내역까지 조사대상으로 포함시킨다.

해외직구한 물품을 판매하여 처벌될 경우, 처벌수위는 어떻게 되나요?

1) 수입한 물품원가가 5000만원 미만일 경우

관세법상 밀수입죄의 경우, 수입한 물품원가가 5천만원 미만일 경우 일단 '통고처분 대상'이 된다. 통고처분이란, 벌금상당액 및 추징금을 즉시 납부할 것을 조건으로, 사건을 검찰에 송치시키지 않고 세관단계에서 종결시키는 처분이다.

전과가 남지 않는다는 장점이 있으나, 추징금이 물품원가의 1.7배 이상 고지되는 경우가 많기 때문에, 추징금을 최대한 정확히 예상하는 것이 필요하다. 벌금과 추징금을 일시납 하지 못할 경우 사건은 자동으로 검찰로 송치된다.

따라서 해외직구판매 행위로 인해 세관조사를 앞두고 있다면, 추징금을 반드시 염두에 두어야 하고, 본인이 납부할 수 있는 금액이 고지되는지를 예상할 수 있어야 한다. 추징금은 '국내도매시가'를 기준으로 산정되는데, '국내도매시가'를 알 수 없는 경우에는 시가역산율표에 근거하여 추징금을 산정한다. 대부분의 물품이 시가가 없는 물품이기 때문에, 시가역산율표에 근거하여 추징금이 산정된다고 보면 된다. 대략 물품원가의 1.7배 정도로 계산되는 경우가 많다.

물품원가 4000만원일 경우, 예상되는 밀수입죄 처벌수위(세관단계 종결)

벌금	약 1200만원 (감경 또는 가중 가능)
추징금	약 6800 ~ 8000만원 (관세율에 따라 달라질 수 있음)

2) 물품원가 5000만원 이상 - 검찰송치 대상

(밀수입죄의 경우) 수입한 물품의 원가가 총 5000만원이 넘을 경우, 세관에서 종결시킬 수 없는 사건으로서, 사건은 검찰송치대상이 된다. 검찰송치가 된다는 것은, 최소한 벌금 이상의 처분이 나올 가능성이 높다는 뜻이기 때문에, 이때부터는 전과기록에 남을 가능성이 높아진다고 보아야 한다.

물품원가가 5천만이 넘어 검찰송치가 예정된 사건의 경우에도 일단 세관조사는 진행을 하기 때문에, 세관에서 피의자신문조서를 작성하는 절차를 거친다. 세관조사 절차가 마무리된 뒤 사건이 검찰로 인계되면, 검찰에서 다시 한 번 피의자를 소환하여 조사를 진행할 수 있다.

검찰 조사 결과 피의자에 대한 혐의가 경미하다고 인정될 경우에는, 정식재판을 진행하지 않고 검찰단계에서 벌금 + 추징금을 고지하도록 절차를 진행할 수도 있다. 이를 약식기소라고 한다.

물품원가 8000만원일 경우, 예상되는 밀수입죄 처벌수위(검찰단계에서 종결될 경우)

벌금	약 1600만원 (감경 또는 가중 가능)
추징금	약 1억 3600만원 ~ 1억 6000만원 (관세율에 따라 달라질 수 있음)

3) 정식 공판절차가 진행되는 사건(형사 재판)

검찰조사 결과, 피의자의 혐의가 약식명령으로 종결할 수 없다고 인정될 경우에는, 정식 공판절차가 진행된다. 형사재판이 진행된다는 것은, 검찰에서 징역형을 구형한다는 뜻이다. 따라서 형사재판이 진행되는 사건은 벌금, 추징금은 물론이고, 징역형에 대하여도 대비하여 준비하여야 한다. 실제로 물품원가가 큰 경우, 해외직구 사건의 경우에도 실형이 선고되는 경우가 있으니 이러한 경우에는 철저하게 대비한 후 재판에 임하여야 할 것이다.

**개인이 용돈이나 벌어 보려고
해외직구를 통해 판매한 것일 뿐인데,
추징금이 많이 나오는 이유는 무엇인가요?**

───

쉽게 말해, 벌금이나 징역은 행위자(사람)에 대한 것이고, 추징금은 물건에 대한 것이다. 행위자의 잘못에 대하여 처벌하는 것이 벌금, 징역이고, 범행에 관련된 '물건'을 몰수하지 못할 경우에 그 가액을 돈으로 받는 것이 추징금이다. 그리고 관세법상 추징금은 '시가'를 기준으로 하는데, 특수한 물품을 빼고는 시가가 정해진 것이 없기 때문에, 세관에서 시가를 계산하는 방법(시가역산율표)으로 추징금을 계산한다. 시가 계산의 근거는 각 물품의 관세율이다.

일반적인 물품은 물품원가의 1.7 ~ 2배 정도가 추징금으로 계산되기 때문에, 그 금액이 매우 크다. 따라서 본인의 사건이 추징금이 부과되는 사안인지, 추징금이 얼마나 고지될지를 반드시 사전에 알아보아야 한다. 피의자들은 고액의 추징금이 고지된다는 것을 뒤늦게 알게 되어 당황하는 경우가 많다.

압수된 물건에 대하여도
추징금이 고지되나요?
—

판매목적임에도 불구하고 목록통관으로 해외직구한 물품은 쉽게 말해 밀수품이다. 관세법상 밀수입한 물품은 몰수대상이기 때문에, 현품이 존재할 경우 이를 압수한다. 하지만 현품이 판매되는 등의 이유로 몰수할 수 없을 경우에는, 이를 시가로 환산하여 그 금액을 추징하도록 되어 있다(관세법 제282조). 즉 판매목적으로 목록통관하여 직구한 물품은 밀수입죄의 범칙대상 물품으로서 몰수되어야 하나, 대부분의 경우 이미 판매되어 몰수할 수 없기 때문에 추징금이 고지되는 것이다.

관세법

제282조(몰수 · 추징)
③ 제1항과 제2항에 따라 몰수할 물품의 전부 또는 일부를 몰수할 수 없을 때에는 그 몰수할 수 없는 물품의 범칙 당시의 국내도매가격에 상당한 금액을 범인으로부터 추징한다. 다만, 제274조제1항제1호 중 제269조제2항의 물품을 감정한 자는 제외한다.

벌금과 추징금은 어떻게 다른가요?

벌금은 행위자의 잘못을 처벌하는 것으로서, 납부하지 못하면 노역장에 유치된다. 추징금은 범칙물건에 대한 것으로서, 납부하지 못하면 재산을 압류한다.

추징금을 안 내면 어떻게 되나요?

추징금을 안 내면 먼저 본인명의의 재산(예금계좌, 자동차, 부동산 등)을 압류한다. 형사재판이 진행되기 전 조사단계에서 가압류하는 경우도 있다. 이를 기소 전 추징보전(또는 몰수보전)이라고 한다. 또한 채무불이행자 명부에 등재될 수 있기 때문에 흔히 말하는 '신용불량자'가

되어, 금융거래에 큰 제한을 받을 수도 있다.

해외직구와 관세법 위반, 대응 방법은 어떻게 되나요?

———

판매용 물품을 목록통관으로 수입한 경우 밀수입죄가 성립한다. 밀수입죄의 경우 물품원가의 1.7배 이상의 고액의 추징금이 고지된다. 이로 인해 개인의 경제생활이 망가질 수 있기 때문에, 대응이 가능할 때에 잘 대처하여 해결해야 한다.

물품원가로 5천만원이 넘어 검찰송치 대상이 되는 사건은 물론이고, 물품 원가로 5천만원이 넘지 않아 세관 통고처분의 대상이 되는 사건도, 자신에게 부과될 수 있는 추징금을 정확하게 예상하여야 한다. 자신에게 적용되는 죄명이 무엇인지를 정확히 파악하고, 벌금이 병과될 수 있는지도 검토해야 하며, 징역 등 실형 가능성도 대비해야 한다.

관세법위반 사건은 수입한 물품의 원가, 물건의 종류, 수입한 방법 등에 따라 대응방법이 다르다. 또한 세관단계인지, 검찰단계인지, 재판단계인지에 따라서도 대응방향이 달라질 수 있다. 사건이 발생하였다면 주저 말고 일단 관세전문 변호사와 상담하는 것을 추천한다. 상담을 받는 것만으로도, 자신에게 어떤 과정이 남아 있고 어떠한 처벌이 예상되는지를 가늠할 수 있을 것이다.

세관조사

일반 경찰조사와
다른 점은 무엇인가요?

———

관세법위반 사건의 경우에는 관세법 제284조 제2항에 따라 일반 경찰서나 다른 기관에서 사건을 인지하였다고 하더라도, 해당 사건을 즉시 관세청이나 세관에 인계하도록 되어 있다. 즉 관세법위반 사건의 경우 세관에서 전속적인 수사 권한을 갖고 있다.

다만 특가법(관세) 위반 사건의 경우에는 이러한 사건인계 조항이 없기 때문에 일반 경찰서에서도 사건을 담당할 수 있고, 특가법 제284조 제1항과 같은 관세청장이나 세관장의 고발을 소추요건으로 하고 있지 않기 때문에, 고발이 없어도 검사가 공소제기 하는 것이 가능하다.

관세법

제284조(공소의 요건)
① 관세범에 관한 사건에 대하여는 관세청장이나 세관장의 고발이 없으면 검사는 공소를 제기할 수 없다.

② 다른 기관이 관세범에 관한 사건을 발견하거나 피의자를 체포하였을 때에는 즉시 관세청이나 세관에 인계하여야 한다.

세관조사과는
어떤 권한을 갖고 있나요?

———

사법경찰직무법 제5조 제17호에 따라 관세법위반 사건 조사업무에 종사하는 세관공무원은 사법경찰관리의 직무를 수행한다. 즉 세관 조사과에서 관세법위반 사건을 담당하고 있는 세관공무원은 일반 경찰과 동일하게 형사사건에 관한 수사권한을 갖고 있다는 것을 확인할 수 있다.

사법경찰관리의 직무를 수행할 자와 그 직무범위에 관한 법률

제5조(검사장의 지명에 의한 사법경찰관리)
다음 각 호에 규정된 자로서 그 소속 관서의 장의 제청에 의하여 그 근무지를 관할하는 지방검찰청검사장이 지명한 자 중 7급 이상의 국가공무원 또는 지방공무원 및 소방위 이상의 소방공무원은 사법경찰관의 직무를, 8급·9급의 국가공무원 또는 지방공무원 및 소방장 이하의 소방공무원은 사법경찰리의 직무를 수행한다.

17. 「관세법」에 따라 관세범의 조사 업무에 종사하는 세관공무원

관세법 제295조에서도 세관공무원은 관세법위반 사건에 대하여 사법경찰관리의 직무를 수행한다고 규정하고 있고, 제296조 제297조에서 규정하고 있는 것과 같이 일반 경찰과 동일하게 압수수색 영장을 신청하거나 현행범을 체포할 권한을 갖고 있다.

관세법

제295조(사법경찰권)

세관공무원은 관세범에 관하여 「사법경찰관리의 직무를 수행할 자와 그 직무범위에 관한 법률」에서 정하는 바에 따라 사법경찰관리의 직무를 수행한다.

제296조(수색·압수영장)

① 이 법에 따라 수색·압수를 할 때에는 관할 지방법원 판사의 영장을 받아야 한다. 다만, 긴급한 경우에는 사후에 영장을 발급받아야 한다.

② 소유자·점유자 또는 보관자가 임의로 제출한 물품이나 남겨 둔 물품은 영장 없이 압수할 수 있다.

제297조(현행범의 체포)

세관공무원이 관세범의 현행범인을 발견하였을 때에는 즉시 체포하여야 한다.

사법경찰직무법 제6조 제14호에 따라 세관에서 관세법위반 사건을 담당하는 사건은 관세법, 대외무역법, 외국환거래법, 관세사법, 특가법 (관세), 상표법위반, 마약범죄라는 것을 확인할 수 있다. 그리고 그 밖에도 수출입 과정에서 발생하는 각종 범죄도 세관 조사과에서 담당하는 직무범위에 속한다.

사법경찰관리의 직무를 수행할 자와 그 직무범위에 관한 법률

제6조(직무범위와 수사 관할)

제4조와 제5조에 따라 사법경찰관리의 직무를 수행할 자의 직무범위와 수사 관할은 다음 각 호에 규정된 범죄로 한정한다.

14. 제5조제17호에 규정된 자의 경우에는 다음 각 목의 범죄

　　가. 소속 관서 관할 구역에서 발생하는「관세법」,「관세사법」,「수출용 원재료에 대한 관세 등 환급에 관한 특례법」,「자유무역협정의 이행을 위한 관세법의 특례에 관한 법률」,「자유무역지역의 지정 및 운영에 관한 법률」,「대한민국과 아메리카합중국 간의 상호방위조약 제4조에 의한 시설과 구역 및 대한민국에서의 합중국군대의 지위에 관한 협정의 실시에 따른 관세법 등의 임시특례에 관한 법률」,「대외무역법」에 규정된 범죄,「불공정무역행위 조사 및 산업피해구제에 관한 법률」제4조제1항제2호를 위반한 범죄, 수출입 물품의 통관 및 환적과 관련된 지식재산권을 침해하는 범죄,「외국환거래법」에 규정된 지급수단·증권의 수출입에 관한 범죄,「외국환거래법」에 규정된 수출입거래에 관한 범죄, 수출입거래와 관련되거나 대체송금을 목적으로「외국환거래법」제16조제3호·제4호의 방법으로 지급 또는 수령하는 경우의 용역거래·자본거래에 관하여「외국환거래법」에 규정된 범죄,「외국환거래법」제8조제3항을 위반한 범죄,「외국환거래법」제8조제3항제1호의 외국환업무를 한 자와 그 거래 당사자·관계인에 관하여「외국환거래법」에 규정된 범죄

　　한편 일반 경찰서와 세관 조사과의 사법경찰이 다른 점이 있다면, 관세법위반 사건의 경우 일정조건에 따라 통고처분으로서 세관단계에서 사건을 종결할 수 있다는 것이다. 물론 일반 경찰에서 담당하는 형사사건의 경우에도 최근 '불송치결정'이 신설되면서 사건을 경찰단계에서 종결할 수 있지만, 세관의 통고처분은 혐의가 있는 것을 전제로 하여 사건을 세관에서 종결하는 것이기 때문에 불송치결정과는 성격이 완전히 다르다.

관세법

제311조(통고처분)

① 관세청장이나 세관장은 관세범을 조사한 결과 범죄의 확증을 얻었을 때에는 대통령령으로 정하는 바에 따라 그 대상이 되는 자에게 그 이유를 구체적으로 밝히고 다음 각 호에 해당하는 금액이나 물품을 납부할 것을 통고할 수 있다. 〈개정 2015. 12. 15., 2018. 12. 31.〉

1. 벌금에 상당하는 금액
2. 몰수에 해당하는 물품
3. 추징금에 해당하는 금액

세관조사 후에
경찰조사를 또 하나요?
—

세관조사 단계가 경찰조사 단계와 동일하기 때문에, 세관조사가 마무리되면 사건은 검찰로 바로 송치된다. 하지만 만약 세관조사 과정에서 세관담당 직무범위와 관련이 없는 새로운 범죄사실이 드러나는 경우에는, 세관에서 이를 경찰이나 다른 사법경찰에 인계하여 경찰조사를 할 수도 있다. 예를 들어 조사과정에서 식품관련 범죄가 드러난 경우 식약처 위해사범중앙조사단에 인계할 수 있고, 매출신고를 누락한 경우 국세청에 통보하기도 한다.

세관조사 후에
검찰조사를 하나요?
—

세관조사 결과 사건이 통고처분 대상사건에 해당하고, 피의자가 통고처분으로 고지된 벌금, 추징금, 세금 등을 기한 내에 납부할 경우 사건은 세관에서 종결된다. 하지만 사건이 통고처분 기준을 넘거나, 통고처분 대상사건에 해당하더라도 이를 기한 내에 이행하지 않을 경우, 사건은 검찰로 송치된다.

검찰로 송치된 이후에는 검찰에서 사건을 다시 검토하게 되고, 검찰에서 필요한 경우에는 피의자를 소환하여 추가조사를 할 수 있다. 그리고 검찰에서는 사건에 대하여 처분을 하게 되는데, 불기소처분이나 약식기소를 통해 검찰단계에서 종결할 수도 있고, 정식재판으로 기소할 수도 있다.

조사는 어떤 내용으로
진행되나요?
—

세관의 피의자 소환조사는 유죄의 입증을 하기 위한 증거를 확보하는 것이 주된 목적이다. 유죄를 입증하는 가장 중요한 증거 중 하나는 피의자 본인의 진술이다. 피의자신문은 범죄혐의를 입증하는 각종 증거를 제시하고, 범죄혐의에 대한 인정여부, 구체적인 사실관계, 수출입 경위, 판매 및 유통 방법, 범행수법, 공범의 존재 여부, 범죄수익, 거래처와의 관계, 고의성 인정여부 등의 구체적인 내용을 질문하고 답변하는 방식으로 진행된다. 또한 자료제출을 요구하기도 하고 제출된 자료 또는 수사기관에서 확보한 자료들에 대한 설명을 요구하기도 하는 등, 범죄혐의와 관련된 모든 내용에 대하여 확인하는 절차로 진행된다.

변호사를 선임하여 동행할 수 있나요?

세관조사도 형사사건의 조사단계이므로 변호사를 선임할 수 있고, 통고처분 사건도 변호사를 선임할 수 있다. 조사단계에서 변호사를 선임하게 되면 조사 전에 미리 조사과정에 대비할 수 있고, 변호사와 함께 조사 때에 동행할 수 있으므로 피의자 입장에서는 사건에 대응하는 것에 도움을 받을 수 있을 것이다.

출석요구에 불응하게 될 경우 어떻게 되나요?

관세법 제294조 제1항, 형사소송법 제200조에 따라 피의자에 대하여는 세관에서 출석요구를 할 수 있다. 그런데 출석요구에 응하지 않을 경우에는 형사소송법 제200조의2 제1항에 따라 체포영장이 발부될 수 있다. 보통 세관이나 경찰에서 출석요구를 할 때에는 유선상으로 구두로 요청하는 경우가 많고, 본인이 유선상으로 출석요구를 받았음에도 불응할 경우에는 정식 출석요구서를 우편으로 발송한다.

통상적으로 출석요구서를 받고 나서도 3회 이상 출석하지 않을 경우에는 체포영장을 발부받는 경우가 많다. 이처럼 피의자가 출석요구에 응하지 않을 경우에는 체포영장을 받아 강제수사를 할 수 있기 때문에, 출석요구를 받았을 때에는 세관과 일정을 조율하여 반드시 출석하여야 할 것이다.

관세법

제294조(출석 요구)

① 세관공무원이 관세범 조사에 필요하다고 인정할 때에는 피의자·증인 또는 참고인의 출석을 요구할 수 있다.

② 세관공무원이 관세범 조사에 필요하다고 인정할 때에는 지정한 장소에 피의자·증인 또는 참고인의 출석이나 동행을 명할 수 있다.

③ 피의자·증인 또는 참고인에게 출석 요구를 할 때에는 출석요구서를 발급하여야 한다.

형사소송법

제200조(피의자의 출석요구)

검사 또는 사법경찰관은 수사에 필요한 때에는 피의자의 출석을 요구하여 진술을 들을 수 있다.

제200조의2(영장에 의한 체포)

① 피의자가 죄를 범하였다고 의심할 만한 상당한 이유가 있고, 정당한 이유없이 제200조의 규정에 의한 출석요구에 응하지 아니하거나 응하지 아니할 우려가 있는 때에는 검사는 관할 지방법원판사에게 청구하여 체포영장을 발부받아 피의자를 체포할 수 있고, 사법경찰관은 검사에게 신청하여 검사의 청구로 관할지방법원판사의 체포영장을 발부받아 피의자를 체포할 수 있다. 다만, 다액 50만원이하의 벌금, 구류 또는 과료에 해당하는 사건에 관하여는 피의자가 일정한 주거가 없는 경우 또는 정당한 이유없이 제200조의 규정에 의한 출석요구에 응하지 아니한 경우에 한한다.

혐의를 부인하면
어떻게 되나요?

—

피의자 본인이 억울한 점이 있다면, 세관 소환조사 때에 그러한 부분을 소명하고 억울한 부분에 관하여 구체적으로 진술할 수 있다. 즉 실제 사실관계와 다른 점이 있다면 그러한 내용에 관하여는 세관에서 충분히 소명할 기회를 준다.

그런데 문제는 피의자가 사건을 은폐하거나 축소하려는 취지에서 혐의를 거짓으로 부인하는 사건이다. 관세청은 일반 경찰과는 다르게 상당한 전문성을 갖고 있고, 수출입범죄의 경우는 기존 통관내역이나 해외송금 내역, 카드결제 내역 등 객관적인 증거를 기반으로 수사를 하기 때문에, 이미 혐의를 입증할 증거를 상당히 갖춘 상태에서 조사가 진행된다. 이러한 상황에서 혐의를 부인하는 진술을 하는 것은 큰 의미가 없고, 오히려 추후 재판 때에 양형에서 불리하게 작용할 수 있다.

자료제출 요구에는
어떻게 답변해야 하나요?
——

세관에서 자료제출 요구를 하는 것은 1차적으로 임의수사의 방법으로 자료를 확보하겠다는 뜻이다. 세관에서 자료제출을 요구했다는 것은, 세관에서 해당자료를 확보할 수 없는 경우에만 요구하는 것이 아니다. 즉 세관에서도 압수수색의 방법으로 각 기관이나 업체로부터 자료를 받을 수 있으나, 그렇게 하게 되면 영장도 받아야 하고 자료를 받는 데도 시일이 걸리기 때문에 1차적으로 피의자 본인에게 요청하는 것이다.

대부분의 사건은 혐의를 인정하는 사건이기 때문에, 자료제출요구에는 기본적으로 성실하게 응하는 것이 조사과정을 수월하게 하고, 이는 추후 검찰 및 재판단계에서 유리한 양형요소로 반영될 수 있다.

소환조사는 몇 번이나 하고,
몇 시간 정도 진행되나요?

———

보통 짧은 조사도 1시간 ~ 2시간 정도 진행되는 경우가 많고, 길게는 오전부터 저녁 늦게까지 진행되는 경우도 있다. 그리고 소환조사가 1회에 끝나는 경우도 있으나 수회에 걸쳐 이루어지는 경우도 있다. 조사가 길어지는 사건들은 주로 혐의를 부인하거나 사실관계를 부인하는 사건이다.

세관조사 단계에서
사건이 마무리될 수도 있나요?

———

통고처분 대상 사건의 경우 이를 이행하는 것을 전제로 세관단계에서 종결될 수 있다. 다만 이 경우에도 피의자신문조서를 갈음하는 통고처분 문답서를 작성하여야 하고 세관에 출석해서 진행하는 것이 일반적이다.

압수수색은
어떤 경우에 진행되나요?

———

압수수색은 대표적인 강제수사의 방법이다. 관세법위반 사건의 경우

공항이나 항구에서 적발하는 현행범도 있지만, 이미 종료된 행위에 대한 입증을 해야 하는 경우가 많기 때문에, 기존 범행에 대한 증거물을 확보하는 것이 중요하다. 따라서 이러한 증거물은 압수수색을 통해 확보하는 경우가 많다.

압수수색은 수사 초기에 이루어지고, 피의자에게 조사 관련 연락을 전혀 하지 않은 상태에서 갑자기 이루어진다. 왜냐하면 압수수색의 목적 자체가 증거물을 확보하는 것인데, 피의자에게 조사 관련 통지가 이루어질 경우 증거를 인멸할 가능성이 매우 높고, 이렇게 되면 압수수색을 하는 의미가 없기 때문이다.

또한 수사 중간에 이루어지는 경우도 드물게 있는데, 피의자에게 관련 자료를 임의제출형식으로 요구하였다가 협조가 되지 않거나, 혐의를 부인하는 경우, 법원에서 영장을 받아 수사 도중에도 압수수색을 할 수도 있다.

압수수색의 요건은 ① 압수수색의 필요성 ② 범죄혐의 소명 ③ 사건과의 관련성 ④ 비례성인데, 압수수색영장이 발부되었다는 것은 이미 범죄혐의가 어느 정도 소명되었다는 것이다.

그리고 압수수색 영장에는 범죄사실이 적혀 있는데, 해당 범죄사실은 실제 사건 규모보다 적게 기재되어 있는 경우가 많다. 그 이유는 압수수색영장을 청구할 때에는 범죄사실을 전부 수사한 것이 아니기 때문에, 소명이 가능한 일부만 기재하여 청구하기 때문이다. 따라서 추후 소환조사 내용에 따라 범행기간이나 규모가 확대될 수 있다. 다만 압수수색영장 사본을 통해 본인에게 적용된 적용법조, 공범여부 등을 확인할 수 있기 때문에, 영장 사본은 꼼꼼하게 검토하고 이후 소환조사 등에 대비해야 한다.

형사소송법

제215조(압수, 수색, 검증)
① 검사는 범죄수사에 필요한 때에는 피의자가 죄를 범하였다고 의심할 만한 정황이 있고 해당 사건과 관계가 있다고 인정할 수 있는 것에 한정하여 지방법원판사에게 청구하여 발부받은 영장에 의하여 압수, 수색 또는 검증을 할 수 있다.

② 사법경찰관이 범죄수사에 필요한 때에는 피의자가 죄를 범하였다고 의심할 만한 정황이 있고 해당 사건과 관계가 있다고 인정할 수 있는 것에 한정하여 검사에게 신청하여 검사의 청구로 지방법원판사가 발부한 영장에 의하여 압수, 수색 또는 검증을 할 수 있다.

세관단계에서 구속영장이
청구될 수도 있나요?

───

형사소송법 제201조에서는 피의자에 대한 구속에 관하여 검사의 청구로 구속영장을 받아 피의자를 구속할 수 있다고 규정하고 있고, 구체적인 구속사유는 형사소송법 제70조 제1항에서 정하고 있다.

형사소송법상 구속사유는 범죄가 어느 정도 소명된 상태에서, ① 주거불명, ② 증거인멸염려, ③ 도망염려 중 어느 하나의 사유가 있는 경우에 구속할 수 있도록 규정하고 있다. 실제로 실무상으로는 증거인멸염려가 가장 빈번한 구속사유인데, 피의자가 증거를 직접 인멸한 정황이 발견된 경우뿐만 아니라, 객관적인 증거에 의해 범죄혐의가 소명되었음에도 혐의를 부인할 경우에도 증거인멸 염려가 있다고 보아 구속영장이 발부될 수 있다.

그리고 세관단계에서도 구속영장이 발부되어 구속수사가 진행될 수도 있는데, 이때에는 세관의 사법경찰관이 검사에게 구속영장을 신청하고, 검사가 다시 법원에 신청하는 방식으로 진행된다.

형사소송법

제70조(구속의 사유)
① 법원은 피고인이 죄를 범하였다고 의심할 만한 상당한 이유가 있고 다음 각 호의 1에 해당하는 사유가 있는 경우에는 피고인을 구속할 수 있다.

1. 피고인이 일정한 주거가 없는 때
2. 피고인이 증거를 인멸할 염려가 있는 때
3. 피고인이 도망하거나 도망할 염려가 있는 때

담당검사가 세관조사 내용을
파악하고 있나요?

———

형사소송법 제245조의 10 제4항에 따라 특별사법경찰의 경우 검사의 수사지휘를 받는다. 즉 이는 세관의 조사단계에서부터 이미 담당검사가 배정이 되어 있다는 뜻이다. 검사는 세관의 수사내용에 관하여 수사보고서를 수시로 받아 검토하고, 보완할 내용 등에 관하여 수사지휘를 하는 방식으로 세관조사 내용에 관여한다. 최근 수사권 조정으로 인해 경찰조사의 경우 검사가 수사지휘를 하지 않지만, 세관 등 특별사법경찰 사건의 경우 기존과 동일하게 검사가 계속 수사지휘를 한다. 따라서 세관조사가 진행되는 사건은 담당검사가 이미 배정되어 사건내용을 파악하고 있다고 생각하면 된다.

형사소송법

제245조의10(특별사법경찰관리)
④ 특별사법경찰관리는 검사의 지휘가 있는 때에는 이에 따라야 한다. 검사의 지휘에 관한 구체적 사항은 법무부령으로 정한다.

특별사법경찰관리에 대한 검사의 수사지휘
및 특별사법경찰관리의 수사준칙에 관한 규칙

제28조(수사지휘의 원칙)
검사는 특별사법경찰관을 존중하고, 법률에 따라 특별사법경찰관의 모든 수사를 적정하게 지휘한다.

조사가 끝나면 세관에서
세금고지도 같이 하나요?

———

관세포탈죄, 부정감면죄 등 세금을 포탈한 사건의 경우 세관소환조사 후에 세금을 부과고지한다. 그리고 고지되는 세금을 일반적으로 관세, 관세가산세, 부가세, 부가세가산세로 이루어져 있는데, 가산세 금액이 상당하다. 가산세는 각 물품의 수입일자로부터 일할계산되어서 누적되기 때문에, 정확한 고지금액을 계산하는 것은 어렵다. 다만 원래 납부하였어야 할 관세 + 부가세의 2배 정도(관세액의 약 4배 정도)로 계산되는 것이 일반적이므로, 대략적인 금액만 유추해 볼 수 있다.

세관에서
추징금도 부과하나요?

———

추징금은 법원에서 부과하는 것이므로, 세관에서 종결하는 통고처분이 아닌 이상, 세금과 달리 추징금은 세관에서 부과하지 않는다. 세금을 포탈하는 관세포탈죄, 부정감면죄와 달리 밀수입죄와 밀수출죄는 추징금을 필요적으로 부과하게 되어 있는데, 이 추징금은 법원에서 판결로 선고한다.

통고처분

관세법 위반, 세관조사 단계에서
종결되는 경우도 있다

━━━

형사사건이 발생한 경우 원칙적으로 검찰에서만 수사를 종결할 권한이 있고, 경찰(세관) 단계에서는 수사를 종결할 수 없는 것이 원칙이다. 다만 최근에는 경찰단계에서 혐의가 없는 것이 명백한 사건의 경우에는 불송치결정을 통해 경찰단계에서 사건 종결이 가능하다. 혐의가 인정되는 사건은 세관에서 검찰로 사건을 송치할 때 피의사실에 대한 의견, 구속수사에 관한 의견, 처벌수위에 관한 의견을 제시하게 된다.

그런데 사건의 경중을 가리지 않고 모든 사건을 검찰로 송치하게 되면, 여러 가지 문제가 발생할 수 있다. 경미한 관세법 위반 사건의 경우에도 벌금형이 선고되어 전과자를 양산할 수도 있고*, 경미하면서도 혐의를 전부 인정하는 사건은 처벌수위가 어느 정도 정해져 있는데, 불필요하게 사건화하여 수사기관의 효율적 운영에 걸림돌이 될 수도 있다.

이러한 이유 때문에 관세법 위반사건의 경우 '통고처분'이라는 제도를 두어, 범칙금액이 일정금액 이하인 경우에는, 벌금과 추징금 등을 납부하는 것을 조건으로 사건을 세관단계에서 종결시키는 제도를 두고 있다. 이러한 통고처분 제도는 「관세범의 고발 및 통고처분에 관한 훈령」

---

* 벌금형도 전과에 해당한다. 반면 세관단계에서 통고처분으로 고지되는 벌금 상당액은 전과기록에 남지 않는다.

제2조 제3항에서 규정하고 있다.

제2조(관세범의 처리)

① 세관장은 다음 각 호의 법률을 위반한 관세범에 대해서는 **별표 1**에 따라 고발한다.

 1. 「관세법」(이하 "법"이라 한다)
 2. 「관세사법」
 3. 「수출용원재료에 대한 관세 등 환급에 관한 특례법」(이하 "환급특례법"이라 한다)
 4. 「자유무역지역의 지정 및 운영에 관한 법률」(이하 "자유무역지역법"이라 한다)
 5. 「자유무역협정의 이행을 위한 관세법의 특례에 관한 법률」(이하 "FTA특례법"이라 한다)

② 세관장이 제1항에 따라 관세범을 고발하는 경우 과형의견(벌금양정)은 제3조를 준용한다.

③ 제1항에도 불구하고 관세범이 다음 각 호의 어느 하나에 해당하는 경우에는 관세청장의 사전승인을 받아 **통고처분 할 수 있다.**

 1. **고발 전까지 해당 사건에 대한 부족세액을 자진 납부한 자**
 2. 법 제255조의2에 따른 수출입 안전관리 우수업체
 3. 세관의 출석 요구 전에 자수하거나, 출석 요구에 순응하여 범행을 자백하고 증거를 제시하는 등 조사에 적극 협조한 자
 4. 관세범에 대한 정보제공 등 관세범죄 검거 및 예방에 적극 협조한 자
 5. 수출유공 또는 납세유공으로 관세청장 이상의 표창을 수상한 자

[별표1] 고발기준

구분		고발(송치)
관세법	- 제268조의2 - 제269조제1항	- 해당사건 전부
	- 제269조 제2항 · 제3항 - 제270조 제1항 제3호, 제2항, 제3항 - 제270조의2 - 제274조	- **물품원가 5,000만원 이상**

	- 제270조 제1항 제1호 · 제2호,
	  제4항, 제5항
		- 포탈 · 부정감면(또는 면탈), 부정환급**세액**
		  2,000만원 이상

통고처분이란?

———

통고처분이란, 물품원가 등을 기준으로 경미하다고 인정되는 사안에 관하여, 벌금과 추징금을 납부하는 것을 조건으로, 사건을 세관조사 단계에서 종료시키는 행정행위를 말한다.

즉, 관세법위반 사건의 경우 원칙적으로는 검찰로 송치하지만, 범칙금액이 크지 않을 경우에는, 세관조사 단계에서 사건을 신속히 종결시키는 것이다.

통고처분은 행정형벌이기 때문에, 과태료와 같이 전과기록에 남지 않는다는 장점이 있다. 하지만 통고처분 대상사건에 해당한다고 해서 사건이 무조건 세관에서 종결되는 것은 아니다. 왜냐하면 납부해야 할 벌금과 추징금 액수가 큰 경우에는, 이를 납부하지 못하고 검찰로 송치될 수 있기 때문이다.

예를 들자면, 해외직구 물품을 수입신고하지 않고 판매하여 관세법 위반으로 세관조사를 받는 경우가 있다. 이 경우 혐의는 관세법상 밀수입죄이다. 물품원가가 5000만원 미만일 경우에 통고처분 대상이 되고, 5000만원 이상일 경우 검찰송치 대상이다.

그런데 물품원가로 5000만원이면 추징금만 거의 8-9천만원 가까운 금액이 고지될 수 있다. 즉 벌금과 추징금을 합하여 1억원 가까운 금액을 일시불로 납부하여야 통고처분으로 사건이 종결된다. 이러한 점 때문에 통고처분 대상사건에 해당한다고 하여, 사건이 항상 세관에서 종결되는 것은 아니다.

관세법

제311조(통고처분)
① 관세청장이나 세관장은 관세범을 조사한 결과 범죄의 확증을 얻었을 때에는 대통령령으로 정하는 바에 따라 그 대상이 되는 자에게 그 이유를 구체적으로 밝히고 다음 각 호에 해당하는 금액이나 물품을 납부할 것을 통고할 수 있다.

  1. 벌금에 상당하는 금액
  2. 몰수에 해당하는 물품
  3. 추징금에 해당하는 금액

통고처분,
일시불로 납부해야 한다구요?

———

명품가방을 언더밸류하여 수입한 혐의로 세관조사를 앞둔 의뢰인이 있었다. 포탈한 관세가 2000만원이 넘지 않아 통고처분 대상에는 해당되는 사건이었다. 하지만 포탈한 관세에 가산세, 개별소비세, 부가세, 교육세 등을 포함하여 계산해 본 결과 1억원이 넘는 금액이 산출되었다. 의뢰인은 통고처분은 경미한 사건으로 알고 있는데, 1억원이라는 엄청난 금액을 2주일 안에 일시불로 납부하라고 하니 황당해할 수밖에 없었다.

그렇기 때문에 통고처분 대상사건에 해당한다고 하여 안심할 것이 아니다. 납부할 수 있을만한 금액이 나온다면 좋겠지만, 납부할 수 없는 금액이라고 생각된다면 과감히 통고처분은 포기하고 다른 전략을 찾아야 한다.

통고처분으로 끝내지 못했다고 하더라도 실망하기엔 이르고, 이후 검찰이나 재판단계에서 잘 대응한다면, 오히려 통고처분보다 훨씬 좋은 결과가 나올 가능성도 있다. 따라서 세관조사 전부터 통고처분 대상인지 여부, 통고처분 대상이라면 고지되는 벌금 등을 납부할 만한 여력이 되는지를 알아보아야 하고, 처음부터 대응 방향을 잘 잡아야 한다.

관세법 위반,
통고처분에 관한 FAQ
━━

이하에서는 통고처분에 관하여 의뢰인 분들이 자주 묻는 질문과 그에
대한 답변을 정리해 보았다.

(1) 통고처분 대상이 되는 사건의 기준은 어떻게 되나요?

범죄 유형마다 기준이 다르다. 통고처분 대상사건의 기준은 아래 표
로 정리하였다. 예를 들어 밀수입죄의 경우 물품원가 5000만원 미만의
경우 통고처분 대상이 된다. 5000만원이 넘을 경우 검찰송치대상이다.
따라서 이 경우에는 세관조사 단계에서 사건을 종결시킬 수 없고, 사건
이 검찰로 송치된다.

통고처분 대상사건 기준

구분		검찰송치 기준
관세법	• 전자문서 위변조 • 금지품 수출입	해당사건 전부
	• 밀수출입 • 부정수입 • 가격조작 • 밀수품취득	물품원가 5,000만원 이상
	• 관세포탈, 부정감면, 부정환급	포탈, 감면, 면탈, 환급 세액 2,000만원 이상

(2) 벌금과 추징금은 얼마나 나오나요?

예를 들어 밀수입죄의 경우, 물품원가의 30%를 벌금으로 산정한다.
그리고 감경 또는 가중할 수 있다.

통고처분 대상 밀수입죄의 경우

벌금	물품원가의 30%(감경 또는 가중 가능)
추징금	물품원가의 약 1.5배 ~ 2배(물품의 관세율에 따라 상이)

구분	사 유		비율
가중	세관의 소환조사 등 출석요구에 3회 이상 불응하거나 허위자료 제출 등 세관의 조사를 의도적으로 방해한 것으로 판단되는 자		+10%
	압수수색 및 신변수색시 증거물을 은닉·인멸·훼손한 자		+20%
	정당한 사유 없이 임검수색에 불응·도주하거나 공범의 도피를 방조한 자		+15%
	관세행정 주변 종사자[1]		+30%
	「관세법」 제268조의2, 제269조부터 제271조까지, 제274조, 제275조의2, 제275조의 3, 「수출용원재료에 대한 관세 등 환급에 관한 특례법」 제23조, 「자유무역지역의 지정 및 운영에 관한 법률」 제56조부터 제59조까지, 제62조 및 제65조를 위반하여 통고처분 또는 벌금 이상의 형의 선고를 받고 그 집행이 종료되거나 면제받은 날부터(집행유예의 경우는 형의 선고일) 2년 이내에 다시 위 법조항을 위반한 자		
		2범	+30%
		3범 이상	+50%
감경	범칙조사 중(해당 사건에 대한 통고처분 또는 고발 전까지) 해당 사건에 대하여 부족세액(가산세를 포함한다)을 자진 납부한 자. 다만, 부족세액의 일부를 납부한 때에는 납부하여야 할 전체 금액 중 자진 납부한 금액이 차지하는 비율 만큼 감경한다.		-50%
	심신미약자, 청각 및 언어 장애인, 「관세법」 제269조·제270조·제274조의 범죄를 예비한 자		-50%
	「관세법」 제255조의2, 「수출입 안전관리 우수업체 공인 및 관리업무에 관한 고시」 제5조에 따른 수출입 안전관리 우수 공인업체		
		AAA등급업체	-50%
		AA등급업체	-30%
		A등급업체	-15%
	「관세법」 제38조제3항, 「수출입 안전관리 우수업체 공인 및 운영에 관한 고시」 제18조의2에 따라 정기 수입세액 정산업체로 지정된 업체		-15%
	세관의 조사개시 전에 자수한 자		-50%
	세관의 소환요구에 순순히 응하여 조사개시부터 종료시까지 범행을 자백하고 증거를 제출하는 등 조사에 적극 협조한 자(다만, 다른 수사기관에서 해당 사건에 대한 조사를 이미 시작한 경우는 제외한다)		-15%
	수출업자(「대외무역법」에 따른 수출을 포함한다)		

(3) 벌금과 추징금을 분할로 납부할 수 있나요?

통고처분은, 벌금과 추징금을 일시불로 납부하는 것을 조건으로 하기 때문에, 벌금과 달리 분할납부신청 제도가 없다. 따라서 벌금, 추징금, 세금 등을 기한 내에 납부하지 못하면 관세법 제318조에 따라 검찰로 사건이 자동으로 고발되어 송치된다. 이러한 점 때문에 자신의 사건이 통고처분에 해당한다고 하더라도, 이를 납부할 여력이 되는지를 정확하게 따져 보아야 하는 것이다.

(4) 벌금과 추징금은 언제까지 납부해야 하나요?

세관조사가 종료될 즈음에, 세관에서 언제쯤 통고서를 발송할 것인지를 대략 안내해 준다. 일반적으로는 조사 종료 후 수 일 이내로 세관에서 '통고서'를 발송하는데, 통고서를 받은 날로부터 15일 이내에 납부가 완료되어야 한다. 고지일자 및 납부기한이 기재되어 있고, 은행에서 납부하거나 또는 신용카드로도 납부가 가능하다.

(5) 통고처분으로 벌금을 납부하면 사건이 종결되는 것인가요?

통고처분 결과 고지된 벌금, 추징금 및 세금을 모두 납부한 경우, 사건이 종결된다. 그리고 종결된 사건은 일사부재리의 원칙에 따라 다시 수사를 개시하여 공소를 제기할 수 없다(**관세법 제317조**).

관세법

제317조(일사부재리)
관세범인이 통고의 요지를 이행하였을 때에는 동일사건에 대하여 다시 처벌을 받지 아니한다.

(6) 통고처분으로 납부한 벌금은 전과기록에 남나요?

벌금 상당액을 납부하여 통고처분으로 세관에서 종결된 사건은 전과기록에 남지 않는다. 반면에 세관에서 종결되지 않고 검찰단계에서 약식명령 벌금으로 종결된 사건은 전과기록에 남는다. 이렇게 전과기록에 남지 않는다는 점은 피의자에게 유리한 점이라고 할 수 있다.

(7) 벌금과 추징금을 못 내면 어떻게 되나요?

통고처분 대상사건의 경우, 세관 조사 후 고지된 벌금과 추징금을 기한 내에 모두 납부하여야 한다. 만약 납부하지 못하면 자동적으로 사건이 검찰로 송치되고, 검찰단계에서의 벌금은 세관단계에서와는 달리 전과기록에 남는다.

관세법

제318조(무자력 고발)
관세청장이나 세관장은 다음 각 호의 어느 하나의 경우에는 제311조제1항에도 불구하고 즉시 고발하여야 한다.

1. 관세범인이 통고를 이행할 수 있는 **자금능력이 없다고 인정되는 경우**
2. 관세범인의 주소 및 거소가 분명하지 아니하거나 그 밖의 사유로 통고를 하기 곤란하다고 인정되는 경우

(8) 벌금과 추징금을 못 낼 경우, 재판으로 가는 것인가요?

형사재판을 진행할 것인지는 검찰에서 결정한다. 검찰에서 재판으로 보내는 기준은 세관에서 통고처분 기준을 정한 것과는 달리 법령으로 정해진 것은 없다. 전과기록, 수입한 물품의 종류, 수사에 협조했는지 여부, 단독 범행인지 조직적 범행인지, 범행수단, 적극적 은닉행위가 있었는지 여부 등 여러 가지 사정에 따라 검찰에서 정식기소할 것인지를 결정한다.

(9) 통고처분대상의 경우 세관조사는 진행을 하는 건가요?

통고처분대상이 되는 사건도 세관조사는 진행을 한다. 따라서 세관에 출석해서 소환조사를 받아야 하며, 피의자신문조서 또는 통고처분문답서를 작성해야 한다.

(10) 통고처분 대상 사건의 경우, 변호인을 선임할 수 있나요?

통고처분 사건도 변호인을 선임할 수 있다.

(11) 혐의를 인정할 수 없는 경우, 통고처분 대상이 되지 않는 것인가요?

사안에 따라 피의자가 적극적으로 무죄를 주장하는 사건도 있다. 무죄를 주장하는 사건은, 통고처분대상이 될 수 없고, 사건이 검찰로 송치

된다. 왜냐하면 세관에서는 유무죄를 판단하여 사건을 종결시킬 수 있는 권한이 없기 때문이다. 다만 실제로 혐의가 없는 것으로 인정되는 사건의 경우, 세관에서 검찰로 사건을 송치할 때에 혐의없음 의견으로 송치할 수는 있다.

(12) 벌금과 추징금을 줄일 수는 없나요?

세관에서 통고처분으로 진행할 경우, 정해진 벌금과 추징금이 있다. 여기서 감경사유에 해당할 경우, 벌금액수는 일부 조정될 수 있다. 만약 통고처분 금액이 너무 큰 경우에는, 형사재판을 진행시켜 재판단계에서 추징금을 선고유예 받는 방법으로 면제받는 방향을 생각해 볼 수 있다.

(13) 꼭 변호인의 도움을 받아야 하나요?

물품금액이 크거나 고액의 추징금이 예상되는 사건, 실형 가능성이 있는 사건은 변호인의 도움을 받는 것이 좋다. 특히 추징금이 부과되는 밀수출입죄 사건의 경우, 대응전략에 따라 추징금을 전액 면제받을 수도 있기 때문에, 변호인의 역할이 중요하다. 반면 통고처분 대상사건이고, 예상되는 통고처분 금액이 많지 않은 경우에는 군이 변호사를 선임할 필요는 없다는 것이 개인적인 생각이다.

어떤 사건이건 간에 최소한 자신이 어떻게 처벌되는 것인지는 정확하게 파악하고 수사에 임하는 것이 좋다. 그리고 어떠한 대응방법이 있는지도 알아야, 나중에 벌금, 추징금 나아가 형사재판까지 적절하게 대처할 수 있을 것이다.

검찰조사

관세법위반 사건은 특별사법경찰인 세관의 수사관이 수사한다. 특별사법경찰이 수사하는 사건은, 세관수사 단계부터 담당검사가 배정되고, 세관에서 수시로 검사로부터 수사지휘를 받는다. 따라서 다른 일반 형사사건과는 다르게, 담당검사가 이미 사건내용을 파악하고 있다.

그리고 관세법위반 사건이 집중되어 있는 인천지방검찰청, 서울중앙지방검찰청, 부산지방검찰청의 경우, 관세사건을 전문적으로 담당하는 부서가 따로 있기 때문에, 검찰에서도 전문성을 갖고 수사를 진행한다.

2022년 검찰의 직접수사권이 조정된 이후, 검찰에서 직접 피의자를 소환하여 조사하는 케이스가 줄어들고 있는 추세이기는 하나, 여전히 검사는 직접 피의자를 검사실로 불러 소환조사를 할 수 있다. 검찰에서는 세관에서 조사한 내용을 바탕으로 소환조사를 진행하는데, 세관조사가 특이사항 없이 마무리된 경우, 1회 조사로 종결되는 경우가 많다. 하지만 세관조사 때 피의자가 사실대로 진술하지 않았거나, 드러나지 않은 추가 혐의가 있다고 판단될 경우에는, 수차례 강도 높은 소환조사를 진행하기도 한다.

검찰조사가 마무리되면, 검찰은 다음과 같은 처분을 할 수 있다.

혐의없음	수사결과 혐의가 없다고 판단되는 경우
기소유예	혐의는 인정되나, 사안이 경미한 경우 기소 없이 사건을 종결
약식기소	벌금형으로 종결하는 경우
정식기소	정식재판에 회부하여야 한다고 판단한 경우

혐의없음 처분은, 수사결과 범죄를 입증할 만한 증거가 부족하거나, 범죄가 성립하지 않는다고 판단하는 경우에 하는 처분이다.

기소유예는 범죄사실이 인정되나, 사건이 아주 경미한 경우 또는 세금을 완납하는 등 특별한 정상참작 사유가 있는 경우에, 검사가 기소하지 않고 사건을 종결하는 처분이다.

약식기소는 범죄사실이 인정되나, 징역형을 구형할 만한 사건이 아니고 벌금형으로 처벌하면 적절하다고 판단하는 경우, 정식재판을 하지 않고 약식재판으로 기소하는 것이다.

정식기소는 검사가 해당 사건을 정식재판으로 진행시키는 것인데, 징역형을 구형할 가능성이 매우 높은 사건이다. 벌금형으로 종결할 만한 사건은 약식기소를 하기 때문에, 정식재판으로 구공판 하는 사건은 거의 징역형을 구형한다고 보면 된다.

형사재판

공소장이 법원에 접수되면, 본격적으로 형사재판이 시작된다. 법원에서는 검사의 공소장의 접수된 후, 공소장을 피고인의 주소로 송달한다. 공소장에는 범죄사실이 구체적으로 기재되어 있고, 적용법조가 기재되어 있다. 이때부터 검사가 어떤 내용으로 기소한 것인지를 정확하게 파악할 수 있다.

법원에서는 공소장을 피고인에게 보낸 후, 곧 재판 날짜를 지정하여 피고인 소환장을 보낸다. 피고인 소환장에는 재판 날짜, 시간, 법정이 기재되어 있다. 재판 전에는 법원에 방문하여 증거기록을 열람 및 등사할 수 있다. 증거기록은 세관과 검찰에서 확보한 증거자료, 세관 소환조사 때 작성된 피의자신문조서, 수사보고서, 공범의 피의자신문조서, 제3자의 진술서 등의 모든 증거가 들어있기 때문에, 재판 전에 반드시 확인해야 한다.

형사재판에서 변호사가 해야 할 일 중 가장 중요한 것 중 하나는, 변호인의견서를 제출하는 것이다. 변호인의견서를 언제 제출하는지는 변호사마다 스타일이 다른데, 나는 반드시 첫 재판 전에 미리 제출한다. 왜냐하면 판사 입장에서는 첫 재판 전에 증거기록을 볼 수 없기 때문에 공소장만 확인하고 재판에 임하는데, 첫 재판 전에 의뢰인의 양형사유가 자세히 기재된 변호인의견서를 제출할 경우, 재판부에서 피고인이 어떤 사람이고, 피고인이 본 사건에서 어떤 방향으로 선처해 주기를 원하는지를 미리 파악할 수 있어 유리하기 때문이다.

그리고 변호인의견서에는 공소사실 인정여부, 증거동의여부 등이 기재되는데, 첫 재판 전에 미리 제출할 경우, 재판과정이 신속하게 진행되어 의뢰인 입장에서도 재판이 수월하게 끝날 수 있어 좋다.

첫 공판기일에는 피고인의 인적사항을 확인하고, 검사가 공소사실을 낭독한다. 이후 공소사실 인정여부를 피고인 측에서 답변하여야 하는데, 이는 증거기록을 검토한 후 답변을 하여야 한다. 증거기록 검토가 미리 이루어진 경우, 첫 재판에서 공소사실 인정여부와 증거에 동의하는지를 진술할 수 있을 것이다.

그리고 검찰 및 피고인 측에서 증거신청을 하고, 증인신문이 필요한 경우에는 별도의 증인신문 기일을 진행하게 된다.

증인신문 등 증거제출이 완료되면 변론을 종결하고 검사가 구형을 하는데, 관세법위반의 경우 징역형은 물론이고, 벌금과 추징금을 얼마를 구형하는지를 잘 들어야 한다. 증거기록이 미리 확보된 경우라면, 증거기록에서 세관장의 고발장에서 추징금 금액을 확인할 수 있다. 만약 확인하지 못한 경우에는, 검사가 구두로 구형하는 금액을 잘 메모해 두어야 한다.

검사가 구형한 뒤에는, 피고인 측에서 마지막으로 최후진술을 하고, 재판이 종결된다. 판결선고는 보통 한 달에서 두 달 정도 뒤에 별도의 기일에 진행한다.

판결선고기일에는 판사가 판결문을 직접 낭독한다. 판결문을 낭독할 때에는 판결이유를 먼저 설명하고, 마지막에 주문을 낭독한다. 집행유예 없이 징역형이 선고된 경우 그 자리에서 법정구속하고 구치소로 가게 되는 경우가 많다. 그리고 밀수출입죄 사건의 경우 필요적 추징이 있기 때문에, 추징금을 선고하는지 여부도 잘 들어야 한다. 판사에 따라 집행유예를 선고하면서 사회봉사명령을 부가하는 경우도 있고, 이 경우 추후 보호관찰소를 통해 정해진 시간의 사회봉사를 하여야 한다.

1심 판결 선고 이후 검사와 피고인은 7일 이내에 항소를 할 수 있다. 항소를 할 경우 1심 법원에 항소장을 제출해야 한다. 항소장이 제출되고 사건이 항소심 재판부에 배당된 후, 피고인은 소송기록접수통지서를 받게 되는데, 받은 날로부터 20일 이내에 항소이유서를 제출해야 한다. 기간 내에 제출하지 않을 경우 항소가 기각되므로 유의하여야 한다.

항소심 판결에 불복할 경우 마찬가지로 대법원에 상고할 수 있고, 항소할 때와 마찬가지로 상고장을 항소심 법원에 접수해야 하며, 대법원에서 소송기록접수 통지서를 받은 후 20일 이내에 상고이유서를 제출해야 한다.

밀수입죄,
밀수출죄

밀수입죄, 밀수출죄란

—

밀수출입죄는 관세법 위반 중에서 처벌이 가장 무거운 유형에 속한다. 형사처벌 수위가 강할 뿐 아니라, 고액의 추징금까지 선고되기 때문에 자신에게 예상되는 처벌수위를 가늠하고 철저하게 대비하여야 한다.

밀수입죄는 관세법 제269조 제2항에서 규정하고 있고, 밀수출죄는 제3항에서 규정하고 있다. 크게 2가지 유형이 있는데, ① 첫 번째로는 수출입신고를 아예 하지 않는 유형이 있고(일명 무신고수출입), ② 두 번째로는 수출입신고를 하였으나 실제 물품과 다르게 신고하는 유형이 있다(일명 위장신고수출입).

관세법

제269조(밀수출입죄)
② 다음 각 호의 어느 하나에 해당하는 자는 5년 이하의 징역 또는 관세액의 10배와 물품원가 중 높은 금액 이하에 상당하는 벌금에 처한다.
  1. 제241조제1항·제2항 또는 제244조제1항에 따른 신고를 하지 아니하고 물품을 수입한 자. 다만, 제253조제1항에 따른 반출신고를 한 자는 제외한다.
  2. 제241조제1항·제2항 또는 제244조제1항에 따른 신고를 하였으나 해당 수입물품과 다른 물품으로 신고하여 수입한 자

③ 다음 각 호의 어느 하나에 해당하는 자는 3년 이하의 징역 또는 물품원가 이하에 상당하는 벌금에 처한다.
  1. 제241조제1항 및 제2항에 따른 신고를 하지 아니하고 물품을 수출하거나 반송한 자
  2. 제241조제1항 및 제2항에 따른 신고를 하였으나 해당 수출물품 또는 반송물품과 다른 물품으로 신고하여 수출하거나 반송한 자

수출입신고를 아예 하지 않은 경우
(무신고수입, 무신고수출)

———

수출입신고 대상 물품을 신고하지 않고 수출입할 경우에는 밀수입죄 및 밀수출죄로 처벌되는데, 관세법 제269조 제2항 제1호가 적용된다(밀수출은 제3항 제1호). 대표적으로 공항이나 항구에서 금괴, 마약, 시계, 명품 등을 직접 갖고 들어오면서 세관에 수입신고를 하지 않고 반입하는 경우가 이에 해당한다.

기존에 이미 밀수입, 밀수출이 완료된 물품은
증거가 없어서 처벌을 못 하는 것 아닌가요?

———

무신고수출입의 특징은 신고 자체를 하지 않기 때문에, 기존에 범행이 이미 완료된 건에 대해서 범죄혐의를 입증하는 것이 어려울 수 있다. 그래서 현장적발이 수사의 단서가 되는 경우가 대부분이다. 예를 들어 조직적인 금괴밀수의 경우, 현장에서 현행범으로 단속된 운반책에 대한 조사를 기초로 하여 기존에 수입이 완료된 건들에 대하여 증거를 수집하게 된다.

이미 밀수입 및 밀수출이 완료된 물건은 증거가 없기 때문에 처벌할 수 없다고 생각하는 사람도 많지만, 그렇지 않다. 다른 공범의 자백이나 출입국내역, 은행거래내역, CCTV 화면, 화물 X-Ray 등 여러 가지 증거를 통해 이미 밀수입 및 밀수출이 완료된 범행에 대해서도 입증이 가능하다.

수출입신고를 했는데도 밀수입죄, 밀수출죄가 성립될 수 있나요?(위장신고 수출입)

수입신고를 하더라도, 실제 물품과 다르게 신고하는 경우에는 밀수입죄가 성립한다. 이를 위장신고수입이라고 하며, 관세법 제269조 제2항 제2호에서 규정하고 있다. 위장신고를 따로 규정하지 않았던 개정 전 관세법 하에서도 대법원에서는 위장수입신고를 밀수입죄로 처벌하고 있었고, 이후 1996. 12. 30. 관세법이 개정되면서 '해당 수입물품과 다른 물품으로 신고한 경우'가 추가되었다. 마찬가지로 밀수출의 경우에도 제269조 제3항 제2호에서 규정하고 있다.

> 대법원 1983. 12. 13. 선고 83도2193 전원합의체 판결
>
> 관세법 제137조 제1항 소정의 수출입면허의 대상은 **수출입신고서에 기재된 물품 또는 이와 동일성이 인정되는 물품으로** 이때 동일성이 인정되는 물품이란 동종의 품목으로서 수출입면허 부여의 요건이 동일한 물품을 말하며 동종의 물품이라도 수출입면허 부여의 요건이 다른 것은 동일성이 없다고 봄이 타당하므로, 수입제한 품목인 양파씨앗 2,000리터를 반입한 후 수입자유품목인 부추씨앗 2,000리터를 수입하는 것처럼 신고하여 수입 면허를 받아 통관하였다면 양파씨앗과 부추씨앗은 동종의 백합과에 속하는 씨앗이라도 하나는 수입제한품목이고 다른 하나는 수입자유품목으로서 수입면허 부여의 요건이 상이하여 동일성 있는 물품이라고 보기 어려우므로 위 양파씨앗의 수입행위는 무면허수입죄에 해당한다.

대법원 2011. 11. 10., 선고, 2009도12443, 판결

무역회사 대표이사인 피고인이 수입신고서에 '청콩', '카오피콩'을 수입하는 것으로 신고하고 실제로는 '콩나물콩'을 수입한 사안에서, '청콩', '카오피콩'과 '콩나물콩'은 모두 관세·통계통합품목분류표상 10단위 품목번호가 같아 동종의 물품으로 보아야 하고 관세율 및 관세액도 동일하지만, 수입 당시 '콩나물콩'은 사전세액심사 대상물품이었음에 반하여 '청콩'이나 '카오피콩'은 그 대상물품이 아니어서 양자를 동일성이 인정되는 물품이라고 할 수 없으므로, 위 행위가 구 관세법(2010. 12. 30. 법률 제10424호로 개정되기 전의 것) 제269조 제2항 제2호에서 정한 밀수입죄에 해당함에도, 이와 달리 피고인에게 무죄를 인정한 원심판결을 파기한 사례.

해외직구나 구매대행을 통해
목록통관을 한 경우에도 밀수입죄가 성립되나요?

—

대법원 2008. 6. 26., 선고, 2008도2269, 판결

관세법 제241조 제2항에서 규정하고 있는 간이통관절차의 대상 물품에 해당하지 않는 상용물품을 수입하면서, 같은 조 제1항에서 규정하고 있는 일반수입신고를 하지 아니하고 부정한 방법을 이용하여 간이통관절차를 거쳐 통관하였다면, 이러한 수입행위는 적법한 수입신고 절차 없이 통관한 경우에 해당하므로 관세법 제269조 제2항 제1호의 밀수입죄를 구성한다.

해외직구, 구매대행이 늘어나면서 목록통관 건수도 엄청나게 늘어나고 있다. 그런데 주의하여야 할 점은, 판매용 물품은 가격에 상관없이 정식수입신고를 하여야 한다는 것이다. 목록통관제도는 자가사용 용도

에 한해서 적용되는 특례이기 때문이다.

그런데 문제는, 정식수입신고대상 물품을 목록통관 하였을 경우에는 수입신고가 된 것으로 보지 않아, 법리적으로 밀수입죄가 적용된다는 것이다. 대법원 판례에서는 목록통관을 수입신고 한 것으로 보지 않고, 이에 따라 구매대행업자에게 밀수입죄가 적용되어 예상치 못하게 무겁게 처벌되는 경우가 많다.

보통 목록통관으로 인해 밀수입죄로 처벌되는 경우는 두 가지 유형이다. 첫 번째로는 판매용 물품을 목록통관하는 경우이고, 두 번째로는 자가사용 물품은 맞지만 면세한도를 넘는 경우에(언더밸류 등을 통해 가격을 낮추어 수입) 목록통관하는 경우이다.

목록통관 밀수입죄 - 대표 유형 2가지

	내용	특징
유형 1	판매용물품을 목록통관 한 경우	물품가격에 상관없이 밀수입죄 성립
유형 2	자가사용물품이지만, 면세한도를 넘는 경우	주로 언더밸류 하여 목록통관을 함 (① 배송대행지에 가격을 낮게 적거나, ② 판매자에게 가격을 낮게 기재해달라고 요청하는 경우가 대표적)

해외직구, 구매대행을 통한
목록통관 밀수입 범죄의 특징

목록통관을 통해 물품을 수입하는 경우, 기존에 수입통관한 내역이 전부 관세청에 남아 있다. 그런데 판매용 물품을 목록통관 하는 경우, 처음 수입할 때에 단속되는 것이 아니라, 수년 뒤에 갑자기 적발되어 그동안의 혐의를 한꺼번에 처벌한다. 밀수입죄는 공소시효가 7년이기 때문에 기소시점을 기준으로 7년간의 범행까지 기소할 수 있다.

이렇게 혐의가 충분히 누적된 뒤에야 발각되는 경우가 많기 때문에, 금액이 많아질 수밖에 없고, 사건의 규모가 커져 강하게 처벌되는 경우가 많다는 것이 특징이다. 이 경우 형사처벌(징역, 벌금)도 문제이지만, 고액의 추징금도 상당히 문제 된다.

추징금을 줄이거나
없애는 것이 가능한가요?

밀수입 및 밀수출죄가 적용될 경우, 관세법 제282조에 따라 범칙대상 물품을 필요적으로 몰수하게 되어 있고, 몰수할 수 없을 경우 국내도매 가격을 필요적으로 추징한다.

벌금의 경우 본인의 양형사유에 따라서 판사의 재량에 의해 벌금액수가 줄어들 수 있지만, 추징금은 시가역산율 등을 통해 정해진 금액이 있고, 이를 판사가 줄여 줄 수 없다. 다만 선고유예 판결을 통해 추징 자체를 면제해 줄 수는 있는데, 당사자로서는 본인에게 추징금 선고유예가 가능성이 있는지를 면밀히 검토한 후에 대응전략을 수립해야 한다.

선고유예는 형법 제59조에서 규정하고 있다. 형법 제51조의 사항을 고려하여 '뉘우치는 정상이 뚜렷할 때에는 그 형의 선고를 유예할 수 있다'라고 규정하고 있다. 원래는 '개전의 정상이 현저한 때에는'이라고 규정하고 있었으나, 최근 개정되면서 문구가 조금 변경되었다.

형법

제59조(선고유예의 요건)
① 1년 이하의 징역이나 금고, 자격정지 또는 벌금의 형을 선고할 경우에 제51조의 사항을 고려하여 뉘우치는 정상이 뚜렷할 때에는 그 형의 선고를 유예할 수 있다. 다만, 자격정지 이상의 형을 받은 전과가 있는 사람에 대해서는 예외로 한다.

② 형을 병과할 경우에도 형의 전부 또는 일부에 대하여 선고를 유예할 수 있다.

제60조(선고유예의 효과)
형의 선고유예를 받은 날로부터 2년을 경과한 때에는 면소된 것으로 간주한다.

선고유예 판결을 받게 되면
추징금이 없어지나요?

 ────

 선고유예 판결을 받게 되면 주형(벌금 또는 징역)과 함께 추징을 선고유예 하게 되는데, 선고유예 판결을 받고 2년이 지나면 면소된 것으로 간주된다. 면소는 소송절차 자체를 종결시키는 것으로서, 피고인에게 매우 유리한 재판이다. 선고유예 판결을 받게 되면, 주문에 '피고인에 대한 형의 선고를 유예한다'라고 기재되고, 추징은 당연히 선고하지 않게 되므로 추징이 면제되는 것이다. 선고유예를 통해 추징을 면제받은 사례는, 이 책의 마지막 부분에 있는 사례들을 참고하면 도움이 될 것이다.

밀수출입죄에서의 추징금과,
관세포탈죄에서 징수하는 세금은 어떻게 다른가요?

 ────

 추징금은 관세법 제282조 제3항에 따라 국내도매시가를 추징하도록 되어 있고, 시가가 없는 대부분의 물품은 관세청에서 시가역산율표를 통해 감정가를 산출한다. 일반적인 물품은 물품원가의 1.7배 ~ 2배 정도가 추징금으로 계산되기 때문에, 처벌수위가 매우 강하다.

 추징금은 법원의 판결에 의해 확정되는 것이 원칙이고, 관세포탈에서 고지되는 관세 등은 형사절차가 아니라 행정절차이기 때문에 법원의 판결과는 무관하게 고지된다는 것이 다른 점이다. 이 때문에 두 절차에 대한 대응방법도 달라진다.

밀수입죄,
처벌수위는 어떻게 되나요?

관세법상 밀수입죄는 5년 이하의 징역 또는 벌금(포탈관세의 5배 또는 물품원가 중 높은 금액 이하)에 처하도록 규정되어 있고, 물품을 몰수할 수 없을 경우에는 국내도매가격을 추징한다.

밀수입죄 처벌수위

징역	5년 이하
벌금	포탈관세의 10배 or 물품원가 중 높은 금액 이하
몰수 추징	국내도매가격 (도매가격이 없는 대부분의 물품은 시가역산율에 의함)

한편, 1회에 수입한 금액이 2억원 이상인 경우에는 특가법(특정범죄가중처벌등에관한법률)이 적용되어 가중처벌되는데, 처벌수위가 상당히 강하다. 특가법이 적용될 경우에는, 3년 이상의 유기징역 및 물품원가의 2배만큼의 벌금이 선고된다. 여기서 반드시 알아 두어야 할 것은, 특가법상 벌금은 '필요적 병과'이고, 벌금 금액이 '물품원가'로 정해져 있다는 점이다. 즉, 특가법이 적용되는 순간 최소한 2억원 이상의 벌금이 선고된다는 것이

다. 법조문을 반드시 꼼꼼하게 확인할 필요가 있다. 물론 특가법이 적용되는 경우에도, 벌금을 선고유예 받게 되면 고액의 벌금에서 벗어날 수 있다.

특가법(밀수입) 처벌수위

징역	물품원가 2억원 이상	3년 이상
	물품원가 5억원 이상	5년 이상
벌금	물품원가의 2배	
몰수 추징	국내도매가격 (도매가격이 없는 대부분의 물품은 시가역산율에 의함)	

밀수출죄, 처벌수위는 어떻게 되나요?

관세법상 밀수출죄는 3년 이하의 징역 또는 물품원가 이하에 상당하는 벌금에 처하도록 규정되어 있다. 밀수입죄보다는 처벌수위가 더 낮은데, 그 이유는 포탈되는 관세가 없고, 밀수입과는 달리 물품이 국내로 유통되는 것은 아니기 때문이다. 한편 밀수출죄의 경우 밀수입죄와 마찬가지로 물품을 몰수할 수 없을 경우에는 국내도매가격을 추징한다.

밀수출죄 처벌수위

징역	3년 이하
벌금	물품원가 이하
몰수 추징	국내도매가격 (도매가격이 없는 대부분의 물품은 시가역산율에 의함)

한편, 1회에 수출한 금액이 5억원 이상인 경우에는 특가법(특정범죄 가중처벌등에관한법률)이 적용되어 가중처벌된다. 특가법이 적용될 경우에는, 1년 이상의 유기징역 및 물품원가만큼의 벌금이 선고된다. 밀수입죄와 마찬가지로 반드시 알아 두어야 할 것은, 특가법상 벌금은 '필요적 병과'이고, 벌금 금액이 '물품원가'로 정해져 있다는 점이다. 즉, 밀수출죄에서 특가법이 적용되는 순간 최소한 5억원 이상의 벌금이 선고된다는 것이다. 물론 특가법이 적용되는 경우에도, 벌금을 선고유예 받게 되면 고액의 벌금에서 벗어날 수 있다.

특가법(밀수입) 처벌수위

징역	1년 이상
벌금	물품원가
몰수 추징	국내도매가격 (도매가격이 없는 대부분의 물품은 시가역산율에 의함)

관세포탈죄와
다른 점은 무엇인가요?
—

관세포탈죄와 밀수출입죄의 차이점은 수출입신고 여부이다. 관세포탈죄는 수입신고는 하였으나 관세를 적게 납부하기 위해 물품금액 등을 거짓으로 신고한 경우에 성립하고, 밀수출입죄는 수출입신고 자체를 하지 않은 경우(또는 실제와 다르게 신고한 경우)에 성립한다.

또한 물품을 몰수하고 몰수할 수 없는 경우 추징하는 밀수출입죄와 달리, 관세포탈죄는 납부하지 않은 관세, 부가세 및 가산세를 징수한다는 차이점이 있다.

납부해야 할 추징금은 얼마인가요?

밀수입한 물품이 아직 판매되지 않고 보관 중이라면 그 물품을 몰수하지만, 이미 판매가 되어 몰수할 수 없을 경우에는 국내도매시가를 추징한다. 예를 들어 금괴와 같은 물품은 정해진 도매시가가 존재하기 때문에 실제 도매시가를 추징한다. 하지만 대부분의 수입물품들은 정해진 도매시가가 없어서, 시가역산율표에 근거한 금액을 추징하게 된다.

관세법

제282조(몰수·추징)
② 제269조제2항 (제271조제3항에 따라 그 죄를 범할 목적으로 예비를 한 자를 포함한다. 이하 이 조에서 같다), 제269조제3항 (제271조제3항에 따라 그 죄를 범할 목적으로 예비를 한 자를 포함한다. 이하 이 조에서 같다) 또는 제274조제1항제1호 (같은 조 제3항에 따라 그 죄를 범할 목적으로 예비를 한 자를 포함한다. 이하 이 조에서 같다) 의 경우에는 범인이 소유하거나 점유하는 그 물품을 몰수한다. 다만, 제269조제2항 또는 제3항의 경우로서 다음 각 호의 어느 하나에 해당하는 물품은 몰수하지 아니할 수 있다.

1. 제154조의 보세구역에 제157조에 따라 신고를 한 후 반입한 외국물품
2. 제156조에 따라 세관장의 허가를 받아 보세구역이 아닌 장소에 장치한 외국물품
3. 「폐기물관리법」 제2조제1호부터 제5호까지의 규정에 따른 폐기물
4. 그 밖에 몰수의 실익이 없는 물품으로서 대통령령으로 정하는 물품

③ 제1항과 제2항에 따라 몰수할 물품의 전부 또는 일부를 몰수할 수 없을 때에는 그 몰수할 수 없는 물품의 범칙 당시의 국내도매가격에 상당한 금액을 범인으로부터 추징한다. 다만, 제274조제1항제1호 중 제269조제2항의 물품을 감정한 자는 제외한다.

④ 제279조의 개인 및 법인은 제1항부터 제3항까지의 규정을 적용할 때에는 이를 범인으로 본다.

그런데 시가역산율에 근거하여 추징액수를 산정하게 될 경우, 피의자 또는 피고인이 국내에서 판매한 금액보다 훨씬 높아지는 경우가 허다하다. 왜냐하면 이 경우 추징금이 물품원가의 약 1.7 ~ 2배 정도로 계산되는데, 실제로 사건 당사자가 국내에 판매할 때에는 그만큼의 마진이 남지 않는 경우가 대부분이기 때문이다.

만약 시가역산율표에 근거한 추징액수를 다투려고 한다면, 재판단계에서 국내 공식수입업자 등에게 사실조회를 하는 방법 등을 통해, 물품의 실제 가격을 알아내야 한다. 실제로 내가 담당한 사건 중에 롤렉스, 에르메스, 샤넬, 루이비통 등으로부터 실제가격을 회신받아 추징액수를 40% 이상 낮춘 경우가 있다. 사안에 따라서 추징액수를 낮추는 것이 필요한 경우에는, 이러한 방법을 통해 추징금을 다투는 절차가 필요할 것이다.

제282조(몰수 · 추징)

② 제269조제2항 (제271조제3항에 따라 그 죄를 범할 목적으로 예비를 한 자를 포함한다. 이하 이 조에서 같다), 제269조제3항 (제271조제3항에 따라 그 죄를 범할 목적으로 예비를 한 자를 포함한다. 이하 이 조에서 같다) 또는 제274조제1항제1호 (같은 조 제3항에 따라 그 죄를 범할 목적으로 예비를 한 자를 포함한다. 이하 이 조에서 같다)의 경우에는 범인이 소유하거나 점유하는 그 물품을 몰수한다. 다만, 제269조제2항 또는 제3항의 경우로서 다음 각 호의 어느 하나에 해당하는 물품은 몰수하지 아니할 수 있다.

1. 제154조의 보세구역에 제157조에 따라 신고를 한 후 반입한 외국물품
2. 제156조에 따라 세관장의 허가를 받아 보세구역이 아닌 장소에 장치한 외국물품
3. 「폐기물관리법」 제2조제1호부터 제5호까지의 규정에 따른 폐기물
4. 그 밖에 몰수의 실익이 없는 물품으로서 대통령령으로 정하는 물품

③ 제1항과 제2항에 따라 몰수할 물품의 전부 또는 일부를 몰수할 수 없을 때에는 그 몰수할 수 없는 물품의 범칙 당시의 국내도매가격에 상당한 금액을 범인으로부터 추징한다. 다만, 제274조제1항제1호 중 제269조제2항의 물품을 감정한 자는 제외한다.

④ 제279조의 개인 및 법인은 제1항부터 제3항까지의 규정을 적용할 때에는 이를 범인으로 본다.

대법원 1996. 4. 26 선고 96도220 판결

[1] 관세법시행령 제149조의9는 '국내 도매가격이라 함은 도매업자가 수입물품을 무역업자로부터 매수하여 국내 도매시장에서 공정한 거래방법에 의하여 공개적으로 판매하는 가격을 말한다'라고 규정하고 있는바, 이러한 국내 도매가격은 물품의 도착원가에 관세 등의 제세금과 통관절차비용, 기업의 적정이윤까지 포함한 국내 도매물가 시세인 가격을 뜻하고, 시가역산율표에 의한 국내 도매가격의 산정방법은 수입항 도착가격(또는 감정가격)을 기준으로 하여 관세 등의 제세금과 통관절차비용, 기업의 적정이윤까지 포함한 국내 도매가격을 산정하는 방식이므로, 위와 같이 산정한 **국내 도매가격이 실제의 가격과 차이가 있다는 유력한 자료가 없는 한 시가역산율표에 의하여 국내 도매가격을 산정한 조치가 위법이라고 할 수 없다.**

[2] **시가역산율표에 의하여 산정한 관세포탈물품의 국내 도매가격이 실제의 가격과 차이가 있다고 보아 실제 도매가격을 기초로 추징액을 산정하고 추징에 관한 부분을 파기 자판한 사례.**

세관에서 사건을 종결시킬 수는 없나요?

———

① 통고처분 대상사건에 해당하고, ② 고지된 벌금, 추징금, 세금 등을 일시에 납부할 경우에는, 통고처분으로 세관단계에서 사건을 종결할 수 있다. 이 책의 '통고처분' 목차를 참고하길 바란다.

검찰에서 사건을
종결시킬 수는 없나요?

———

비록 통고처분 대상사건에는 해당하지 않더라도, 경미한 사건의 경우에는 검찰에서 사건을 종결할 수 있다. 관세법위반 사건의 경우 검찰에서 사건을 종결할지 결정할 때에는 다양한 요소를 고려하기 때문에, 세관의 통고처분과는 다르게 물품원가만을 기준으로 검찰단계에서 약식기소로 끝내 줄 것인지를 판단할 수는 없다. 내 경험상 밀수입죄의 경우 물품원가 3억원 미만까지는 검찰단계에서 약식기소로 끝내는 경우가 종종 있었다. 하지만 물품원가가 작더라도 사건의 경위, 전과 유무, 수사협조 유무 등에 따라 정식재판을 진행시키는 경우도 많다.

검찰에서 사건을 약식기소할 경우, 몇 개월 뒤에 법원에서 약식명령을 하게 된다. 이 경우 벌금 및 추징금이 선고된다. 피의자는 약식명령을 받은 날로부터 7일 이내에 정식재판을 청구할 수 있다. 실제로 대부분의 의뢰인분들은 벌금은 어떻게든 납부할 여력이 있으나, 고액의 추징금 때문에 정식재판을 청구하는 경우가 많다. 이렇게 추징금이 문제되어 정식재판을 청구할 경우, 변호인으로서는 선고유예 판결을 받아야 추징금을 면제받을 수 있다는 점을 반드시 알아야 한다.

추징금을 안 내면
어떻게 되나요?

———

추징금은 대부분 고액이기 때문에, 고액의 추징금이 선고된 경우 추징금을 내는 사람보다 내지 못하는 사람이 훨씬 더 많다. 벌금은 납부하지 않을 경우 노역장에 유치되지만, 추징금은 납부하지 않더라도 노역장에 유치되지는 않는다. 다만 본인 재산에 대하여 강제집행을 하게 된다.

즉, 본인명의의 부동산, 차량, 예금, 보험, 임대차보증금 반환 채권 등의 재산을 국가에서 강제집행하게 된다는 뜻이다. 그런데 유의해야 할 점은, 검찰단계에서 '기소 전 추징보전'을 통해 정식재판에 넘기기 전에 미리 재산을 가압류 할 수 있다는 점이다. 따라서 관세법 위반으로 밀수출입죄로 조사가 시작된 경우, 검찰단계에서 본인 재산을 가압류 할 수 있다는 것을 알아 두어야 한다.

많은 분들이 잘못 알고 있는 것 중에 하나가, 추징금을 납부하지 않으면 곧바로 출국금지가 된다는 것이다. 단순히 추징금 미납으로 곧바로 출국이 금지되는 것은 아니고, 재산의 해외도피 우려까지 입증되어야만 출국을 금지할 수 있다는 것이 대법원 판례의 태도이다.

대법원 2001. 7. 27., 선고, 2001두3365, 판결

… 재산의 해외 도피 우려 여부를 확인하지 아니한 채 단순히 일정 금액 이상의 추징
금 미납 사실 자체만으로 바로 출국금지처분을 하는 것은 형벌을 받은 자에게 행정
제재의 목적으로 한 것으로 출국금지업무처리규칙 제2조 제2항에 위반되거나 과잉
금지의 원칙에 비추어 허용되지 아니한다고 할 것이고, 재산의 해외 도피 가능성 여
부에 관한 판단에 대하여도 재량권을 일탈하거나 남용하여서는 아니된다고 할 것이
며, 한편 재산의 해외 도피 우려 여부는 추징금 처분의 범죄사실, 추징금 미납자의 성
별·연령·학력·직업·성행이나 사회적 신분, 추징금 미납자의 경제적 활동과 그로
인한 수입의 정도·재산상태와 그 간의 추징금 납부의 방법이나 수액의 정도, 그 간
의 추징금 징수처분의 집행과정과 그 실효성 여부, 그 간의 출국 여부와 그 목적·기
간·행선지·해외에서의 활동 내용·소요 자금의 수액과 출처 등은 물론 가족관계나
가족의 생활 정도·재산상태·직업·경제활동 등을 종합하여 판단하여야 한다.

관세포탈죄

수입신고 시 언더밸류를 하여, 실제 물품가격보다 낮은 가격을 기재하여 관세, 부가세를 낮게 납부하는 유형이 있다. 이와 같은 유형은 관세법 위반 중에서도 관세포탈죄에 해당한다.

특히 관세포탈의 경우, 밀수입죄와는 달리 수입신고 자체는 이루어진다는 특징이 있다. 수입신고는 되기 때문에 처음부터 관세포탈 혐의가 적발되는 것이 아니라, 수년 뒤에 갑자기 적발되어 그동안의 혐의를 한꺼번에 처벌하는 경우가 많다.

이렇게 혐의가 충분히 누적된 뒤에야 발각되기 때문에 수입자에게 갑자기 엄청난 금액의 세금이 고지되고, 생각보다 강하게 형사처벌 되는 경우도 많다는 것이 특징이다.

관세포탈이란 무엇인가요?
—

관세포탈죄는 관세법 제270조 제1항 제1호에서 규율하고 있다. 수입신고 시 실제물품가격보다 가격을 적게 신고하거나, 관세율을 거짓으로 신고하여 세액을 포탈하는 경우에 관세포탈죄가 성립한다. 실무상 관세율을 적게 신고하는 경우도 많지만, 물품가격을 낮게 기재하여 수입하다가 적발되는 경우가 더 많다.

관세법

제270조(관세포탈죄 등)

① 제241조제1항·제2항 또는 제244조제1항에 따른 수입신고를 한 자 중 다음 각 호의 어느 하나에 해당하는 자는 3년 이하의 징역 또는 포탈한 관세액의 5배와 물품원가 중 높은 금액 이하에 상당하는 벌금에 처한다. 이 경우 제1호의 물품원가는 전체 물품 중 포탈한 세액의 전체 세액에 대한 비율에 해당하는 물품만의 원가로 한다.

1. 세액결정에 영향을 미치기 위하여 과세가격 또는 관세율 등을 거짓으로 신고하거나 신고하지 아니하고 수입한 자
2. 세액결정에 영향을 미치기 위하여 거짓으로 서류를 갖추어 제86조제1항·제3항에 따른 사전심사·재심사 및 제87조제3항에 따른 재심사를 신청한 자

언더밸류와 관세포탈,
처벌수위는 어떻게 되나요?

───

물품가격을 저가로 기재하여 수입신고 할 경우 관세포탈 죄가 성립되고, 관세법 제270조 제1항에 따라 '3년 이하 징역' 또는 '포탈관세액의 5배와 물품원가 중에서 큰 금액 이하의 벌금'에 처하게 된다.

관세포탈 처벌수위

징역	3년 이하
벌금	포탈관세의 5배 이하 or 물품원가 이하

그런데 주의하여야 할 점은, 위 징역과 벌금은 '형사처벌'이고, 포탈된 관세액에 가산세를 붙여 고지되는 행정적 절차가 남아 있다. 그래서 실제 사례에서는 '벌금'보다, 납부해야 할 '관세와 가산세'가 훨씬 큰 경우가 많다.

밀수입죄에서의 추징금과는 다른 성격으로서, 추징금은 원래 몰수되어야 할 물건을 몰수할 수 없는 경우에 그 물건의 시가를 금액으로 추징하는 반면에, 관세나 가산세는 말 그대로 원래 납부하였어야 할 세금을 고지하는 것이다.

추징금은 법원의 판결에 의해 확정되는 것이 원칙이고, 관세포탈에서 고지되는 관세 등은 형사절차가 아니라 행정절차이기 때문에 법원의 판결과는 무관하게 고지된다는 것이 다른 점이다. 이 때문에 두 절차에 대한 대응방법도 달라지는 것이다.

밀수입죄와 다른 점은 무엇인가요?

관세법상 밀수입죄 혹은 밀수출죄의 경우 수출입신고 자체를 하지 않은 경우에 성립하는 범죄이고, 관세포탈죄는 수출입신고는 하였으나 물품가격을 낮게 기재하거나 관세율을 허위로 신고하는 경우에 성립한다. 즉 행위태양에서 다른 점은 '수출입신고의 유무'라고 할 수 있다.

밀수입죄의 경우 수입신고를 하지 않았기 때문에 관세도 당연히 내지 않고 수입하게 된다. 따라서 밀수입죄는(관세가 없는 예외적인 경우를 제외하고) 관세포탈을 당연히 포함하고 있는 범죄이지만, 관세포탈죄로 추가로 처벌되는 것은 아니고 밀수입죄로만 처벌한다.

관세포탈죄에도
추징금이 붙나요?
—

수입신고가 되지 않은 밀수입죄의 경우 고액의 추징금이 붙지만, 관세포탈은 수입신고는 되었기 때문에 추징금은 발생하지 않는다. 다만 추징금에 못지않은 세금(관세 + 가산세)이 부과되므로 유의해야 한다.

관세법

제42조(가산세)
② 제1항에도 불구하고 납세자가 부당한 방법(납세자가 관세의 과세표준 또는 세액 계산의 기초가 되는 사실의 전부 또는 일부를 은폐하거나 가장하는 것에 기초하여 관세의 과세표준 또는 세액의 신고의무를 위반하는 것으로서 대통령령으로 정하는 방법을 말한다)으로 과소신고한 경우에는 세관장은 해당 부족세액의 100분의 40에 상당하는 금액과 제1항 제2호의 금액을 합한 금액을 가산세로 징수한다.

③ 세관장은 제16조제11호에 따른 물품에 대하여 관세를 부과·징수할 때에는 다음 각 호의 금액을 합한 금액을 가산세로 징수한다. 다만, 제241조제5항에 따라 가산세를 징수하는 경우와 천재지변 등 수입신고를 하지 아니하고 수입한 데에 정당한 사유가 있는 것으로 세관장이 인정하는 경우는 제외한다. 〈신설 2015. 12. 15.〉

　　1. 해당 관세액의 100분의 20(제269조의 죄에 해당하여 처벌받거나 통고처분을 받은 경우에는 100분의 40)
　　2. 다음의 계산식을 적용하여 계산한 금액

해당 관세액 × 수입된 날부터 납세고지일까지의 기간 × 금융회사 등이 연체대출금에 대하여 적용하는 이자율 등을 고려하여 대통령령으로 정하는 이자율

납부해야 할 세금은 얼마나 되나요?

　관세포탈로 처벌받게 될 경우, 징역, 벌금과는 별도로 세금이 고지된다. 또한 원래 납부하여야 할 관부가세에, 가산세를 붙인 금액이 고지된다. 그런데 이 금액을 세관조사 전에 정확하게 계산하는 것은 쉽지 않고, 관세율과 수입시기에 따라 대략적인 금액만 예상할 수 있다. 왜냐하면 항목별로 매일매일 가산세가 계속 추가되고, 수입시기에 따라 추가되는 가산세액도 다르며 관세율에 따라 하나하나 따로 계산해야 하기 때문이다. 게다가 언더밸류 하여 수입한 경우에는 일부 납부한 관세가 있기 때문에, 이러한 점 때문에 계산이 훨씬 더 복잡해지는 것이다.

납부해야 할 세금항목의 대략적인 내용은 다음과 같다. 가산세 때문에 실제로 고지되는 세금이 상당히 큰 경우가 많다.

관세	물품에 따라 다름
부가세	10%
관세가산세	수입한 날부터 계속 누적됨
부가세가산세	수입한 날부터 계속 누적됨

관세포탈죄 대응방법은 어떻게 되나요?

1) 정확한 관세율 파악

앞서 언급한 대로 관세포탈죄의 경우 형사처벌(징역, 벌금)과는 별도로 관세, 부가세, 가산세 등 세금이 고지된다. 그런데 수입한 시기, 물품원가, 관세율 등에 따라, 벌금 등 형사처벌 수위보다 오히려 고지되는 세금이 훨씬 큰 경우가 상당히 많다.

실제로 내가 담당한 사건 중에, 형사사건은 검찰에서 기소유예로 끝난 경미한 사건이었는데, 관세청에서 관세와 가산세가 수억원이 고지된 사례도 있다. 그렇기 때문에 수입한 시점에 따라 추가될 가산세를 대략적으로라도 계산하여, 추후 고지될 세금에 대해서 최대한 비슷하게 예측할 수 있어야 한다.

2) 정확하게 품목분류가 된 것인지 검토

실제 사건을 접하다 보면, '품목분류'가 쟁점이 되는 경우도 많다. 즉, HS코드의 적용에 관하여 수사기관과 화주의 입장이 다른 경우이다. 같은 물건이라도 HS코드가 어떻게 적용되는지에 따라 관세율이 달라지는 경우가 많고, 이에 따라 죄의 성립여부가 결정될 수 있다.

만약 HS코드에 관하여 분류가 명확하지 않은 경우, 품목분류위원회의 기존 사례가 있는지를 검토해야 하고, 해외 HS코드 분류 사례도 리서치 해야 하며, 대외무역법 시행령과 통합공고, 수출입공고 등에 유사한 물건이 어디에 규정되어 있는지를 모두 꼼꼼하게 검토해 보아야 한다.

3) 관세법상 납세의무자인지 여부 검토

관세포탈죄가 성립하기 위해서는 원칙적으로 관세법상 납세의무자여야 한다. 따라서 본인이 납세의무자가 아니고 실제 최종 수입자가 따로 존재하는 경우에는, 범죄의 주체가 아니라고 주장할 여지가 있다.

4) 비과세관행이 성립하는지 검토

관세법 제5조에서는 관세관행이 일반적으로 받아들여진 후에는 새로운 해석이나 관행에 따른 소급과세를 하지 못하도록 규정하고 있다. 그리고 이 조항을 해석한 대법원 판례에서는 다음을 요건으로 비과세관행이 성립한다고 판시한 바 있다.

대법원 2011. 5. 13. 선고 2008두18250 판결은 일단 성립한 비과세관행이 더 이상 유효하지 아니하다고 하기 위해서는 종전의 비과세관행을 시정하여 앞으로 당해 과세물건에 대하여 과세하겠다는 과세관청의 확정적인 의사가 표시되어야 하며, 그러한 의사표시는 반드시 전체 과세관청에 의하여 이루어지거나 처분 또는 결정과 같이 구체적인 행정작용을 통하여 이루어질 필요는 없지만, 적어도 공적 견해의 표명으로서 그로 인하여 납세자가 더 이상 종전의 비과세관행을 신뢰하는 것이 무리라고 여겨질 정도에 이르러야 한다고 보았다.

① 과세물건에 대하여 상당기간에 걸쳐 과세하지 않은 객관적 사실의 존재
② 과세관청이 과세요건사실을 인식하고 있을 것
③ 공적견해의 표시로서 명시적이거나 묵시적으로 의사표시가 있을 것

관세법

제5조(법 해석의 기준과 소급과세의 금지)
① 이 법을 해석하고 적용할 때에는 과세의 형평과 해당 조항의 합목적성에 비추어 납세자의 재산권을 부당하게 침해하지 아니하도록 하여야 한다.

② 이 법의 해석이나 관세행정의 관행이 일반적으로 납세자에게 받아들여진 후에는 그 해석이나 관행에 따른 행위 또는 계산은 정당한 것으로 보며, 새로운 해석이나 관행에 따라 소급하여 과세되지 아니한다.

5) 관세부과 제척기간이 도과하였는지 검토

관세법 제21조에 따라 관세를 부과할 수 있는 날로부터 5년이 지나면 관세는 더 이상 부과할 수 없고, 부정한 방법으로 관세를 납부하지 않은 경우에는 10년의 기간이 지나면 부과할 수 없다.

이는 '제척기간'으로 규정되어 있는 바, 과세관청에서 위 기간 내에 부과하지 않는 한, 제척기간 도과로 더 이상 관세, 가산세 등을 부과할 수 없게 된다. 따라서 제척기간이 도과하였다면 형사처벌과는 별개로 관세 등을 더 이상 부과할 수 없는 것이다.

관세법

제21조(관세부과의 제척기간)
① 관세는 해당 관세를 부과할 수 있는 날부터 5년이 지나면 부과할 수 없다. 다만, 부정한 방법으로 관세를 포탈하였거나 환급 또는 감면받은 경우에는 관세를 부과할 수 있는 날부터 10년이 지나면 부과할 수 없다.

부정수출입죄

부정수입죄,
부정수출죄란

부정수출입죄는 법령에 따라 수출입에 필요한 허가·승인·추천·증명 또는 그 밖의 조건을 갖추지 아니하거나, 부정한 방법으로 이를 갖추어 수출입한 자를 처벌하기 위한 규정이다.

물품에 따라 단순히 관세청에 수출입신고만 하면 통관이 가능한 물건이 있고, 추가적인 조건이 필요한 품목이 있다. 주로 식품, 전자기기, 약물, 화학물질, 의료기기, 자동차, 화장품 등 해당물품의 안전성 확인이 필요한 물품들이 이에 해당한다. 이러한 물품들을 수출입하면서 추가요건(검역, 인증, 허가 등)을 갖추지 않은 경우에 부정수출입죄가 성립한다.

부정수출입죄는 관세법 제270조 제2항 및 제3항에서 규정하고 있다.

관세법

제270조(관세포탈죄 등)
② 제241조제1항·제2항 또는 제244조제1항에 따른 수입신고를 한 자 중 법령에 따라 수입에 필요한 허가·승인·추천·증명 또는 그 밖의 조건을 갖추지 아니하거나 부정한 방법으로 갖추어 수입한 자는 3년 이하의 징역 또는 3천만원 이하의 벌금에 처한다.

③ 제241조제1항 및 제2항에 따른 수출신고를 한 자 중 법령에 따라 수출에 필요한 허가·승인·추천·증명 또는 그 밖의 조건을 갖추지 아니하거나 부정한 방법으로 갖추어 수출한 자는 1년 이하의 징역 또는 2천만원 이하의 벌금에 처한다.

부정수출입죄의
처벌수위
—

부정수출입죄는 밀수출입죄보다 법정형이 낮고, 몰수나 추징도 없기 때문에 밀수출입죄나 관세포탈죄보다는 상대적으로 처벌수위가 낮은 편에 속한다.

부정수출입죄 처벌수위

징역	부정수입	3년 이하
	부정수출	1년 이하
벌금	부정수입	3천만원 이하
	부정수출	2천만원 이하
기타	개별법령 위반이 추가로 성립할 수 있음	

그동안 세관에서 문제 삼지 않고
통관해 왔는데, 부정수입죄가 성립될 수 있나요?
—

부정수출입죄에서 대표적으로 문제되는 유형은 2가지가 있다. 첫 번째로는 애초에 세관장확인대상 고시에 게기되지 않은 물품을 수출입한 경우이고, 두 번째로는 고의성이 없는 경우이다. 그런데 문제는 위와 같은 경우들에 있어서 최초 통관시에 세관에서 문제 삼는 것이 아니라, 수년간 통관이 문제없이 완료되었다가 뒤늦게 적발되는 경우가 있고, 피의자로서는 억울한 경우가 발생할 수 있다는 것이다.

세관장확인대상 고시는, 통관 시 구비조건에 관하여 세관장의 확인이 필요한 물품들에 대하여 확인대상물품, 확인방법, 확인절차, 그 밖에 확인에 필요한 사항을 공고하는 관세청고시이다.

관세법 제226조에 따른 세관장확인물품 및 확인방법 지정고시

제1조(목적)
이 고시는 「관세법」 제226조제2항 및 「관세법 시행령」 제233조에 따른 세관장의 확인대상 수출입물품, 확인방법, 확인절차 등을 규정하는 것을 목적으로 한다.

한편, 세관장확인대상 고시 [별표1] 및 [별표2]에서는 세관장확인대상 수출물품과 수입물품을 게기하고 있다. 그런데 여기에 확인대상 물품으로 게기되지 않은 경우에도 부정수출입죄가 성립되는지가 문제된다.

이와 관련하여 대법원 판례에서는 이 경우에도 부정수출입죄가 성립한다는 입장이다.

대법원 2007. 5. 31. 선고 2005도1074 판결

관세법 제226조 제2항과 관세법 시행령 제233조의 규정에 의한 관세청고시인 '관세법 제226조의 규정에 의한 세관장 확인물품 및 확인방법 지정고시'는 허가·승인·표시 기타 조건의 구비를 요하는 물품에 대하여 주무부장관의 확인 요청이 있는지 여부, 세관공무원에 의하여 확인이 가능한 사항인지 여부, 물품의 특성 기타 수출입 물품의 통관여건 등을 고려하여 그 확인대상 물품 및 확인방법이 정해지는 것이므로, 위 지정고시에 수출 자동차의 등록말소 사실을 확인대상으로 규정하고 있지 않다는 점만으로 등록말소 절차를 거치지 아니하고 자동차를 수출하는 행위를 관세법 제270조 제3항 위반죄로 처벌할 수 없다고 볼 수는 없다.

그런데 위 대법원 사안의 사실관계를 보면, 세관장 확인대상 고시에는 해당물품(자동차)이 확인대상 물품으로 게기되어 있지 않았지만, 통합공고의 본문 및 [별표1 수출요령]에 명백히 수출조건으로 '말소등록된 차량만 수출할 수 있음'으로 규정되어 있었다.

따라서 부정수출입죄 사안에서 범죄성립을 다투기 위해서는, 단순히 세관장 확인대상 고시만 살펴보아야 하는 것이 아니라, 통합공고 및 개별법령의 규정까지도 모두 살펴보고 이를 근거로 범죄성립을 다투어야 한다.

실제로 내가 담당한 부정수입죄가 적용되었던 사건들 중에서 무혐의 처분을 받았던 경우가 상당히 있는데, 대부분 통합공고에 아무런 규정이 없는 경우가 많았고, 이 때문에 통관을 담당한 관세사 측에서도 수입조건이 없는 것으로 알고 통관을 해 준 경우가 많다.

수출입을 하는 업체의 경우 거의 대부분 통관절차를 관세사나 관세법인에 위임하고, 구체적인 통관에는 전혀 관여하지 않는 경우가 대부분이다. 통관을 담당하는 관세사 측에서는 통합공고나 세관장 확인대상 고시를 살펴보고, 여기에 게기되어 있지 않은 물품은 수출입 조건이 없는 것으로 파악하고 통관하는 것이 실무이다. 따라서 화주 입장에서는 통관전문가인 관세사를 믿고 통관한 것이기 때문에, 고의성을 다투는 것도 가능한 사건들이 있다.

허위신고죄

허위신고죄는 관세법 제276조에서 규정하고 있는데, 관세법에서 규정하고 있는 각종신고의무를 위반한 경우에 성립한다. 조문의 내용상 여러 가지 신고의무 위반을 구성요건으로 하고 있는데, 화주입장에서 가장 빈번하게 발생하는 유형은 수출입신고시에 발생하는 유형이다.

수출입신고 위반 중, 수출입신고를 하지 않은 경우는 밀수출입죄로 처벌하고(제269조 제2항, 제3항), 수입신고 시 과세가격 또는 관세율을 거짓으로 신고한 경우는 관세포탈죄로 처벌하고 있다(관세법 제270조 제1항). 허위신고죄는 수출입신고를 할 때에 품명, HS코드, 가격, 관세율 등을 제외한 나머지 사항을 허위로 신고할 때에 주로 성립한다.

실무상 가장 많이 발생하는 케이스 중 하나는 원산지를 허위신고하는 유형이다. 이러한 케이스는 허위신고죄만 단독으로 성립하는 경우보다는, 원산지를 속여서 수출입하여 대외무역법위반이 성립하는 경우에 본 범죄가 같이 성립하는 경우가 많다.

관세법

제276조(허위신고죄 등)
② 다음 각 호의 어느 하나에 해당하는 자는 물품원가 또는 2천만원 중 높은 금액 이하의 벌금에 처한다.

4. 제241조제1항·제2항 또는 제244조제1항에 따른 신고를 할 때 제241조제1항에 따른 사항을 신고하지 아니하거나 허위신고를 한 자(제275조의3제1항 각 호에 해당하는 자는 제외한다)

허위신고죄는 밀수출입죄, 관세포탈죄 등에 비하여는 비교적 침해하는 법익이 중하지 않기 때문에, 아래와 같이 벌금형만을 규정하고 있다. 허위신고죄 중 수출입신고 시 허위신고를 하는 유형은 관세법 제276조 제2항 제4호에서 규정하는데, 법정형은 물품원가 또는 2천만원 중 높은 금액 이하의 벌금으로 정하고 있다.

가격조작죄

가격조작죄는 수출입신고 등을 할 때에 부당하게 재물이나 재산상 이득을 취득하거나 제3자로 하여금 이를 취득하게 할 목적으로 물품의 가격을 조작하여 신고한 자를 구성요건으로 하고 있다. 가격조작죄가 신설되기 전에는 이러한 행위에 허위신고죄를 적용하고 있었는데, 이러한 유형을 벌금형만 규정하고 있는 허위신고죄로만 약하게 처벌하는 것에 대한 문제가 지적되어, 가격조작죄가 신설되었다.

대표적으로 많이 발생하는 유형은, 관세가 없는 물품을 수입할 때에 실제가격보다 높게 신고하여 법인세를 절감하거나 정부지원금을 받아 재산상이득을 취득하는 경우이다. 다른 케이스로는 수출신고를 할 때에 실제가격보다 높게 신고하여 재산을 해외로 도피하는 경우이다. 이러한 유형은 재산상 이득을 목적으로 한다는 점에서 일반 허위신고보다 가벌성이 높다는 지적이 있었고, 2013년에 관세법 제270조의 2로 신설되어 시행중이다.

관세법

제270조의2(가격조작죄) 제1호에 따른 신청 또는 신고를 할 때 부당하게 재물이나 재산상 이득을 취득하거나 제3자로 하여금 이를 취득하게 할 목적으로 물품의 가격을 조작하여 신청 또는 신고한 자는 2년 이하의 징역 또는 제2호에 따른 금액 이하의 벌금에 처한다.

1. 다음 각 목의 어느 하나에 해당하는 신청 또는 신고
    가. 제38조의2제1항·제2항에 따른 보정신청
    나. 제38조의3제1항에 따른 수정신고
    다. 제241조제1항·제2항에 따른 신고
    라. 제244조제1항에 따른 신고

2. 다음 각 목의 금액 중 가장 높은 금액
    가. 5천만원
    나. 물품원가
    다. 다음 1) 및 2) 간의 차액

        1) 제1호 각 목의 어느 하나에 해당하는 신청 또는 신고를 한 물품가격
        2) 과세가격(제241조제1항·제2항에 따른 수출신고 또는 반송신고의 경우에는 해당 물품을 국제무역선 또는 국제무역기에 인도하는 조건으로 실제로 지급받았거나 지급받아야 할 가격으로서 최종 선적항 또는 선적지까지의 운임·보험료를 포함한 가격을 말한다)

관세법위반 형사재판
실제 사례

나이키 운동화 EMS 밀수입 사건

물품		나이키, 아디다스 운동화
죄명		밀수입죄
유형		우편통관(EMS)
관할	세관	인천공항세관
	검찰	인천지방검찰청
	법원	인천지방법원
규모		4개 업체 합계 시가 약 4억 9천만원
결과	벌금	**전액 선고유예(약 3700만원 상당)**
	추징금	**전액 선고유예(약 4억 9천만원 상당)**

1) 사건의 개요

본 사건은 세관의 기획수사로 축구용품 구매대행업체 4곳에 대하여 관세법위반 혐의로 조사가 시작된 사건이다. 각 구매대행 업체들은 국내 구매자들로부터 주문을 받은 뒤, 해외 축구용품 사이트에서 온라인으로 주문한 물품을 각자의 국내주소로 받아 물품을 검수한 뒤, 다시 이를 국내구매자들에게 국내배송하는 방법으로 운영하였다.

구매대행시 면세혜택을 적용받기 위해서는, 해외에서 국내구매자들에게 직접 배송되어야 하는데, 본 사건에서 의뢰인분들은 일단 국내주소지에서 물건을 수령하였던 것이 문제가 되었다. 이 경우 수입자는 국내구매자가 아닌 구매대행업체가 되고, 자가사용 물품이 아닌 상용물품을 수입한 것이 되어 정식수입신고 대상에 해당한다. 따라서 정식수입신고 없이 면세혜택을 받아 수입할 경우 밀수입죄가 적용된다.

2) 이 사건의 특징

구매대행업체가 세관조사 대상이 되는 사건은 다음과 같은 유형으로 분류할 수 있다.

유형 ①	목록통관을 하면서, 구매대행 업체의 국내주소로 수령하는 유형
유형 ②	목록통관을 받기 위해, 면세한도 넘는 물품을 언더밸류(저가신고) 하는 유형
유형 ③	빠른 국내배송을 위해 국내에서 재고를 쌓아두기 위한 목적에서, 구매대행 업체가 목록통관으로 수입한 후 재고를 두고 판매하는 유형
유형 ④	실제물품과 다른 물품으로 수입신고하여, 관세율이 낮은 품목으로 수입하여 판매하는 유형
유형 ⑤	배송대행지를 이용하면서, 배송대행지에 가격을 낮게 기재하여 목록통관대상이 아닌 물품을 목록통관하는 유형

본 사건은 유형 ①에 해당하는데, 구매대행 업체 국내주소로 수령한 사유가 물품검수를 위한 것이었다는 점에서, 기존 다른 유형의 구매대행 사건들보다 비난가능성이 낮은 사건이었다. 본 사건은 언더밸류를 통해 저가신고하는 행위도 전혀 없었고, 품명이나 관세율 등을 허위로 신고하지도 않았으며, 국내 구매자의 주문이 있기 전에 미리 수입하여 재고를 쌓아 두는 것도 아니었다. 따라서 이러한 점을 주장하여 벌금과 추징금을 모두 면제받는 것을 목표로 사건을 진행하였다.

3) 재판 과정

본 사건은 검찰에서 4개 업체에 대하여 각각 약식기소를 하였고, 다음과 같이 약식명령이 선고되었다.

업체 ①	벌금 : 500만원 추징금 : 약 1억 2400만원
업체 ②	벌금 : 2000만원 추징금 : 약 1억 5700만원
업체 ③	벌금 : 780만원 추징금 : 약 9700만원
업체 ④	벌금 : 500만원 추징금 : 약 1억 1800만원

위 약식명령에 대하여 피고인 측에서 정식재판을 청구하였고, 정식재판에서 나는 다음과 같은 점을 주장하였다.

① 본 사건은 밀수입 유형 자체가 비난가능성이 낮은 유형에 속한다는 점

② 대법원 판례에 따를 때, 주형의 일부에 대하여 선고유예를 할 경우, 추징금에 대해서도 선고유예가 법리적으로 가능하다는 점

③ 본 사건과 유사한 관세법위반 사건들에서, 추징금을 선고유예 한 사례가 다수 존재한다는 점

④ 본 사건은 1년 이하의 징역을 선고할 경우에 해당하고, 뉘우치는 정상이 현저하여 형법 제59조의 선고유예의 형식적 요건을 충족한

다는 점

⑤ 피고인이 취득한 이익은 많지 않고, 경제적 상황이 어렵다는 점

⑥ 이 사건은 조직적인 범행은 아니라는 점

⑦ 현재는 범행을 완전히 그만두고 정상적인 방법으로 통관하고 있다
는 점

⑧ EMS기표지에 물품정보는 사실대로 신고되었고, 실제 신고된 품
명, 수량 등은 모두 실제와 동일하게 신고된 점

⑨ 피고인은 진심으로 반성하고 있고, 세관조사 때 조사에 적극적으
로 협조하였다는 점

⑩ 이 사건 물품들은 관세법상 수입금지품에는 해당되지 않는다는 점

⑪ 고액의 추징금은 갱생의 여지 자체를 무력화하는 것으로서, 과도
한 처벌이라는 점

위와 같은 양형사유와 함께, 본 사건보다 규모가 큰 사건들에서 벌금
과 추징금을 모두 선처한 사건들의 하급심 판례를 다수 제출하여 재판
부를 설득하였다.

4) 결과

재판부에서는 아래와 같이 4개 업체에 대하여 벌금과 추징금을 모두
선고유예로 선처하는 판결을 하였다.

업체 ①	벌금 선고유예(500만원) 추징금 선고유예(약 1억 2400만원)
업체 ②	벌금 선고유예(2000만원) 추징금 선고유예(약 1억 5700만원)
업체 ③	벌금 선고유예(780만원) 추징금 선고유예(약 9700만원)
업체 ④	벌금 선고유예(500만원) 추징금 선고유예(약 1억 1800만원)

벌금과 추징금을 모두 면제하는 선고유예 판결은, 전과 자체를 없애주는 것이기 때문에, 이 사건을 기소했던 검찰 입장에서는 매우 불리한 판결이다. 검찰에서는 선고유예를 한 4개 판결에 대하여 모두 불복하여 항소를 하였다.

항소심에서도 나는 검사의 주장을 적극적으로 방어하였고, 1심에서는 각 피고인들에 대한 양형사유를 적절하게 반영하여 선고유예 한 것이므로, 1심 재판부의 결정이 존중되어야 한다는 점을 강하게 주장하였다. 그 결과 항소심 재판부에서는 검사의 항소를 기각하였고, 1심에서 선고유예 한 판결이 그대로 확정되어, 세관조사 때부터 2년 가까이 진행된 본 사건들은 모두 잘 마무리되었다.

유럽 명품 구매대행 업체, 밀수입죄 전부 무죄 판결

물품		명품 의류
죄명		밀수입죄
유형		목록통관
관할	세관	인천공항세관
	검찰	인천지방검찰청
	법원	인천지방법원
규모		시가 약 1억 8천만원
결과		전부 무죄

1) 사건의 개요

$150불(미국의 경우 $200)이 넘는 물품은 자가사용물품인 경우에도 면세혜택을 받을 수 없기 때문에, 정식수입신고를 하여야 한다. 의뢰인께서는 유럽 아울렛에서 구입한 명품 의류를 국내 구매자에게 보내면서, 가격을 $150보다 낮게 신고하는 방법으로 목록통관 되게 하여 밀수입죄로 기소되었다.

2) 이 사건의 특징

관세법상 밀수입죄의 규정을 보면 구성요건이 '물품을 수입한 자'로 되어 있다. 이는 곧 수입물품의 화주가 밀수입죄의 주체가 된다는 뜻이다. 그런데 의뢰인께서는 주로 유럽에 거주하면서 유럽현지에서 구매자의 주소로 물품을 직배송하였다. 즉 물품을 국내에서 받은 다음 국내 배송한 것이 아니라, 구매자가 직접 받았기 때문에 수입물품의 화주는 국내 구매자였던 것이다. 밀수입죄의 구성요건은 '수입한 자'로 규정하고 있기 때문에, 본 사건에서는 국내 구매자가 수입화주가 될 수 있는지가 쟁점이었다.

3) 재판 과정

본 사건은 사실관계는 전부 인정하지만, 법리적인 관점에서 구매대행업자인 피고인이 밀수입죄의 주체가 될 수 있는지가 쟁점이었다. 나는 다음과 같은 점을 근거로, 물품을 직접 수령하지 않는 구매대행업자에게는 밀수입죄가 법리적으로 성립되지 않는다는 점을 주장하였다.

① 관세법상 밀수입죄의 주체가 되기 위해서는 수입신고의무자에 해당하고, 그 물품을 수입한 자에 해당하여야 하는데, 피고인은 물품을 수입하거나 수령한 바가 전혀 없고 유럽 현지에서 한국으로 물건을 수출한 수출자이므로, 피고인은 밀수입죄의 주체가 될 수 없다.

② 관세법 제241조 제1항, 동법 시행령 제256조 제1항에 따르면 수입신고의무자는 '수입물품의 화주'이고, 관세법 제38조 제1항 및 동법 시행령 제32조에 따르면 납세신고의무자는 '물품을 수입하고자 하는 자'라는 점을 보더라도, 피고인은 수입신고의무자 및 납세신고의무자도 아니다.

③ 관세포탈죄의 경우, (구매대행업자가 직접 물품을 수령하지 않는 유형에서) 구매대행업자가 가격을 낮게 기재하였더라도, 구매대행업자는 물품을 수입한 자가 아니기 때문에 법이 개정되기 전에

는 관세포탈죄의 구성요건에 해당하지 않았으며

④ 이러한 법률의 공백을 반영하여 2019. 12. 31. 관세법이 개정되면서 관세포탈죄의 경우 범죄성립의 주체에 '구매대행업자'를 포함하도록 개정하였으나

⑤ 관세포탈죄와 동일하게 '수입한 자'를 구성요건으로 하고 있는 밀수입죄는 아직 위와 같은 내용으로 법률이 개정되지 않았다.

이처럼 피고인은 물품을 수입하거나 수령한 바가 전혀 없고, 모든 물건은 실제 구매자들에게 직접 배송되어, 본 사건에서 피고인은 관세법상 밀수입죄 주체가 될 수 없어 구성요건 해당성이 없으므로, 무죄판결을 선고하여 달라고 주장하였다.

4) 재판 결과

재판부에서는 나의 주장을 인정하여 피고인에 전부 무죄판결을 선고하였고, 검사가 구형한 1억 8천만원 상당의 추징금도 면제받게 되었다.

1심 재판부에서는 다음과 같은 점을 근거로 본 사건을 무죄로 판단하였다.

① 피고인은 국내 소비자에게 직접 배송되도록 한 점
② 그 과정에서 구매대행 수수료 외에 다른 형태의 손익이나 거래책임을 부담하지 않았던 점

③ 국내 소비자에게 관부가세가 부과될 수 있다는 점을 명시했다는 점

④ 실제로 소비자가 물품을 수령하면서 관부가세를 납부한 경우가 있다는 점

⑤ 피고인의 행위를 볼 때, 수입 당시 수입물품의 소유자가 피고인이라고 볼 만한 사정이 부족한 점

⑥ 위와 같은 점을 볼 때, 피고인이 관세법 제241조 제1항의 주체인 수입신고 의무자에 해당할 수 없다고 보이는 점

위 1심 판결에 대하여 검사가 항소하였으나, 검사의 항소가 기각되었고, 대법원까지 상고하였으나, 대법원에서도 원심판결을 유지하여, 본 사건은 대법원에서 무죄판결이 최종 확정되었다.

본 사건은 구매대행업자가 물품을 직접수령하지 않고 구매자에게 직배송하는 유형의 구매대행 사건에서, 밀수입죄의 주체가 될 수 없다고 판단한 최초의 사례로서 법리적으로 매우 의미 있는 판결이다.

불법 건강기능식품 밀수입 사건, 추징금 36억 면제

물품		불법 건강기능식품
죄명		밀수입죄, 건강기능식품법 위반, 수입식품안전관리특별법 위반
유형		품명 허위신고
관할	세관	서울본부세관
	검찰	수원지방법원 성남지청
	법원	수원지방법원 성남지원
규모		물품원가 약 36억원
결과	징역	집행유예
	벌금	없음
	추징금	**전액 집행유예(약 36억원 상당)**

1) 사건의 개요

미국에서 판매 중인 건강기능식품 중에는, 성분 기준치가 우리나라의 기준을 초과하거나, 우리나라에서 수입이 금지되는 성분이 들어 있는 경우가 있다. 그런데 미국 현지에서는 정상적으로 유통되고, 효과가 훨씬 좋기 때문에 국내 구매자의 수요가 많은 제품들이 있다.

본 사건은 우리나라로 수입이 금지된 성분이 함유되어 있는 건강기능식품을 구매대행으로 수입하면서, 품명을 다르게 신고하여 밀수입죄로 기소된 사건이다. 또한 식품 수입신고를 하지 않았기 때문에, 건강기능식품법 위반 및 수입식품안전관리특별법 위반 혐의도 추가된 사건이다.

2) 세관의 압수수색

밀수입죄는 여러 가지 유형이 있는데, 본 사건처럼 형식적으로는 수입신고를 한 경우라도, 품명을 다르게 신고한 경우에는 관세법상 밀수입죄가 적용된다. 일명 '위장신고 밀수입' 유형에 속한다.

세관에서는 서울중앙지방법원에서 압수수색 영장을 발부받았고, 이를 통해 의뢰인의 사무실 등에 방문하여 압수수색 영장을 집행하였다. 압수수색 영장을 집행할 때에는, 신체에 소지하거나 현장에 보관 중인 각종 증거물을 강제수사의 방법으로 확보하게 된다. 주로 휴대폰, PC, 각종무역서류, 장부 등이 중요한 증거로 확보된다.

수출입범죄의 경우, 기존에 이미 수출입한 물품들이 무엇인지 특정하는 것이 중요한데, 이를 임의수사의 방법으로 확보하지 못할 수 있기 때문에, 압수수색을 통해 의미 있는 증거가 확보되는 경우가 많다.

3) 조사 과정에서 드러난 본 사건의 규모

본 사건의 규모

관세법(밀수입죄)	36억
건강기능식품법 위반	57억
수입식품법 위반	16억

세관조사 결과 위와 같이 본 사건의 범칙규모가 확정되었다. 본 사건은 수입한 물품이 식품이기 때문에, 위와 같이 건강기능식품법과 수입식품안전관리특별법 혐의가 추가되었다. 그런데 건강기능식품법의 규모가 더 큰 이유는, 관세법혐의가 모두 드러나거나 입증이 되지 않았기 때문이다.

즉 수사기관에서는 범죄혐의가 있다고 의심되더라도, 객관적인 증거를 통해 증빙이 되는 것만 범죄행위로 특정하여 기소한다. 따라서 국내에서 판매한 정황이 있다고 해도, 해당 물품이 언제 어떻게 수입된 것인지에 대한 입증이 없을 경우에는, 관세법 위반에 추가하지 않는다.

4) 재판 과정

관세법상 밀수입죄의 경우, 범칙시가 상당액을 추징하도록 되어 있다. 관세법 제282조 제1항에서는 밀수입 물품을 몰수하도록 하고 있고, 제3항에서는 몰수할 수 없는 물품의 경우 추징하도록 규정하고 있다. 밀수입죄 사건들은 대부분 이미 물품이 판매되어 소유권이 이전된 상태이기 때문에, 몰수할 수 없는 경우에 해당하여 기존 수입물품의 범칙시가 전액을 추징하게 된다.

본 사건은 관세법위반 외에도, 건강기능식품법 및 수입식품법 위반혐의도 추가되었기 때문에, 추징금을 면제받기 위해서는 양형사유를 적극적으로 어필하여야 했다. 특히 불법 성분이 함유되어 있는 식품으로서 국민 건강에 위해가 발생할 수 있는 물품이었기 때문에, 이 부분을 더욱 신경 써서 변론하여야 했다. 이와 관련하여, 이 사건 물품들은 미국의 월마트, 아마존에서 처방전 없이도 누구나 구입할 수 있는 식품으로서, 현지에서는 정상적으로 유통된다는 점을 강조하였다.

본 사건에서는 다음과 같은 양형사유를 주장하였다.

① 피고인은 자신의 잘못을 인정하고 반성하고 있다는 점
② 세관조사 등 수사에 적극적으로 협조하였다는 점
③ 현재는 수입이 가능한 물품만 정상적으로 수입통관을 하고 있어, 앞으로 다시는 범행을 할 이유가 없다는 점
④ 이 사건 물품들은 미국 현지에서는 월마트 등을 통해서 누구나 쉽게 구매할 수 있는 것으로서, 현지에서는 정상적으로 유통되고 있다는 점
⑤ 수입식품 등 인터넷구매대행업 영업등록을 하였다는 점
⑥ 전과가 없는 초범이라는 점
⑦ 이 사건 범행은 조직적인 범행은 아니고, 피고인 혼자 행한 것이라는 점
⑧ 사회적 유대관계가 분명하다는 점
⑨ 가족을 부양하고 있다는 점
⑩ 이 사건 물품은 공산품으로서, 당시 피고인과 같은 형태로 수입하여 판매하는 업체가 다수 존재하여 많은 이익을 남기기가 어려웠

고, 실제로 피고인은 광고비, 월세, 직원급여 등 각종 고정비용으로 인해 취득한 이익이 많지 않았다는 점

그리고 내가 최근 담당한 사건 중, 본 사건보다 규모가 2배 정도 큰 건강기능식품 밀수입 사건에서 추징금을 면제한 사건의 판례를 제출하여, 추징금을 면제해 달라는 주장을 더욱 어필하였다.

5) 결과

재판부에서는 추징금 36억을 집행유예하여 전액 면제하였고, 징역형에 대하여도 집행유예로 선처하는 판결을 하였다. 본 사건의 규모는 36억원이었고, 건강기능식품법 위반(57억), 수입식품법위반(16억)이 추가되었으며, 수입금지성분이 포함되었다는 점에서, 죄질이 좋지 않다고 보일 수 있는 사건이었음에도, 고액의 추징금을 면제받은 성공사례이다.

냉동식품 밀수출 사건 - 추징금 17억 방어

물품		수출용 냉동오리
죄명		밀수출죄
유형		다른 HS코드로 위장신고
관할	세관	부산세관
	검찰	인천지방검찰청
	법원	인천지방법원
규모		시가 약 17억 4600만원
결과	벌금	1000만원
	추징금	**17억 4600만원 방어** (추징금 없는 부정수출죄로 공소사실 변경)

1) 사건요약

① 의뢰인은 국내에서 냉동오리를 동남아 등으로 수출하는 사업을 하고 있었음
② 수출신고 시 관세사가 분류한 품목분류번호(HS Code)로 수출신고를 하여 왔고, 그동안 수출통관시 아무런 문제가 없었음
③ 그런데 세관에서 갑자기 압수수색을 하여 의뢰인 사무실의 컴퓨터, 핸드폰, 통관 자료를 압수수색 하였고, 며칠 뒤 의뢰인은 '밀수출죄' 혐의로 세관조사를 받게 되었음
④ 세관에서는 의뢰인이 수출신고할 때 기재한 HS Code가 실제품목과 다르다는 이유로, 의뢰인을 밀수출죄 혐의로 조사하였음
⑤ 세관 조사를 마친 뒤, 세관은 사건을 검찰로 기소의견으로 고발하였고, 의뢰인에게 벌금 3억 4천만원 및 추징금 17억 5천만원을 과형의견으로 하여 사건을 송치함

2) 사건의 발생

의뢰인은 국내에서 비식용 냉동오리를 구매하여 이를 동남아 등 해외

로 수출하는 사업을 영위하고 있었다. 의뢰인은 기존에 무역업을 경험해 본 바가 없었고, 많은 화주들이 하는 대로 관세사에게 수출통관을 전적으로 위임하였고, 관세사가 정해준 HS Code로 수출통관을 하여 수년간 문제없이 물건을 수출하였다. 그런데 갑자기 세관에서 의뢰인의 사무실로 압수수색 영장을 들고 찾아왔고, 사무실의 컴퓨터, 각종 통관서류, 휴대폰 포렌식 파일 등을 압수당하게 되었다.

3) 세관조사

세관에서는 수출신고필증을 포함한 통관서류, 국내매입자료, 외화입금내역, 동일업계의 수출내역, 현품사진 등을 증거로 확보하였고, 의뢰인이 '식용'임에도 불구하고 이를 '비식용'으로 수출하였다는 이유로 관세법상 밀수출죄 혐의로 수사를 시작하였다.

3회에 걸쳐 피의자신문을 하였고, 세관에서는 '식용'의 경우 수출검역을 받아야 하는데 피의자가 위 절차를 누락할 목적으로 수출검역이 필요 없는 '비식용'으로 수출신고하였음을 이유로 관세법 제269조 제2항 제2호의 밀수출죄를 적용한 것이었다.

4) 세관장의 과형의견 - 벌금 3억 4천만원 / 추징금 17억 4600만원

관세법위반 사건은 세관에서 사건을 검찰로 송치할 때에 과형의견을 제시하게 된다. 본 사건에서의 문제 되는 부분은 17억 4600만원 상당의 고액의 추징금이었다. 밀수출죄가 적용될 경우 필요적 추징이기 때문에, 추징금이 반드시 선고되는 것이 원칙이다. 의뢰인께서는 세관조사 과정이 끝난 후에 나를 선임하셨고, 이미 세관에서는 밀수출죄로 범죄 사실을 구성하여 세관장의 고발까지 완료된 상태였다. 세관에서는 벌금 3억 4천만원과, 추징금 17억 4600만원을 과형의견으로 산정하였다.

본 사건은 '밀수출죄'가 적용될 경우 추징금이 선고되고, '부정수출죄'가 성립될 경우 추징금이 선고되지 않기 때문에, 검찰단계에서 적용법조를 피의자에게 유리한 부정수출죄로 의율되도록 하여, 추징금을 전액 방어하는 것이 목표였다.

5) 검찰조사

본 사건은 검찰조사 때에 의뢰인에게 '밀수출죄'가 아니라 '부정수출죄'가 적용되어야 한다는 점을 강하게 어필하였다. 왜냐하면 부정수출죄의 경우 처벌수위도 훨씬 낮아지고, 추징금도 없기 때문이다. 만약 세관에서 고발한 대로 밀수출죄가 적용되는 순간, 추징금 17억이 그대로 선고될 수밖에 없었다.

그런데 본 사건에서 실체적 사실관계를 따져 보면, 의뢰인이 수출한 물건은 '식용'이 맞기 때문에, '비식용'으로 수출신고한 행위 자체는 밀수출죄의 구성요건에는 해당하게 되었다. 따라서 밀수출죄가 적용되지 않도록 하기 위해서는, 의뢰인에게 밀수출의 고의성이 없었음을 입증하여야 했다.

나는 의뢰인에게 밀수출의 고의성이 없었다는 것을 입증하기 위해 다음과 같은 점들을 변호인 의견서를 통해 강하게 어필하였다.

① 피의자는 수년간 수출신고를 해 왔던 대로 신고를 하였고, 그동안 세관에서는 아무런 문제를 삼지 않았다는 점
② 피의자가 HS Code를 정한 것이 아니라, 피의자는 관세사에게 통관절차를 모두 위임하여 수출신고의 구체적 내용은 인식조차 하지 못하고 있었다는 점
③ HS Code를 다르게 기재하여 수출한다고 하더라도 본인에게 금전적인 이익은 전혀 없다는 점
④ 동종업계에서도 같은 HS Code로 계속 수출신고를 해 왔다는 점

또한 위 주장들을 뒷받침하기 위해 다음과 같은 서류들을 검찰에 증거로 제출하여, 피의자에게 밀수출죄가 아닌 부정수출죄가 성립될 수 있도록 주장하였다.

① 피의자가 그동안 문제없이 수출신고를 해 왔던 것을 입증하는 각종 증거서류
② 같은 업종의 다른 수출자의 진술서 및, 해당 업체의 수출신고필증
③ 다른 수출자의 통관위임을 받은 관세사의 진술서
④ 피의자의 통관을 담당한 관세사의 확인서
⑤ A를 B로 신고한다고 하여 피의자에게 금전적 이익이 발생하지 않아, 범행의 동기가 없다는 증빙자료
⑥ 기존에 담당했던 동일한 사안에서 밀수출이 아닌 부정수출로 의율하였던 하급심 판례
⑦ 부정수출죄의 규정 취지 및 이를 설명하는 각종 하급심 판례

6) 검찰의 의견 변경 및 세관의 고발장 수정(부정수출죄로 죄명 변경)

검찰에서는 나의 주장을 받아들여, 세관에서 밀수출죄를 적용하여 송치한 본 사건에 관하여 '부정수출죄' 혐의를 적용하는 것으로 공소사실을 변경하였다.

또한 검찰에서는 세관에 수사지휘를 하여, 기존에 밀수출죄가 기재된 고발장을 수정하고, 부정수출죄가 적용된 고발장을 새로 작성하도록 지시하였고, 최종적으로 부정수출죄가 적용되어, 검찰단계에서 벌금 3억 4천만원 및 추징금 약 17억원이 없어지게 되었다.

7) 법원의 판결 - 벌금 1000만원(추징금 없음)

인천지방법원에서는 17억원 상당의 물품을 부정수출한 피의자에게 벌금 1000만원을 선고하였다. 세관에서 벌금 3억4천만원 및 추징금 17억 4천만원으로 송치한 본 사건은, 최종적으로 벌금 1000만원으로 매우 경미한 처벌로 종결된 것이다.

본 사건은 검찰단계에서의 적절한 대응을 통해 고액의 추징을 방어한 성공사례이다. 의뢰인은 세관조사가 끝난 후 나에게 찾아왔는데, 의뢰인은 추징금이 나올 것이라고는 전혀 생각도 하지 못하고 있었다. 세관에서 추징금을 미리 말해 주지 않는 이상, 형사재판 1심 마지막 공판기일 때 검사가 구형하는 것을 듣고 나서야 추징금이 나올 수도 있다고 생각하는 경우가 있고, 검사가 구형하더라도 실제 판결 때에는 추징금이 선고되지 않을 것이라고 잘못 생각하는 의뢰인도 많다.

하지만 관세법상 추징은 필요적 추징이라서, 선고유예를 통해 선처하지 않는 이상, 추징금은 무조건 선고되도록 규정되어 있다. 따라서 피의자로서는 한시라도 빨리 대응책을 마련하여야 하고, 본 사건처럼 검찰 단계에서 대응할 경우에는 죄명 변경 등의 방법을 통해 추징금을 방어하는 경우가 있으므로 이를 유념해야 할 것이다.

목록통관으로 운동화를 수입하여
플랫폼으로 25억원 상당을 판매한 사건

물품		나이키, 아디다스, 뉴발란스 등 운동화	
죄명		밀수입죄	
유형		목록통관	
관할	세관	군산세관	
	검찰	전주지방검찰청 군산지청	
	법원	전주지방법원 군산지청(1심) 전주지방법원(2심)	
규모		시가 약 25억원	
결과	1심	징역	집행유예
		벌금	없음
		추징금	**약 25억원**
	2심	징역	집행유예
		벌금	없음
		추징금	**전액 면제(약 25억원 유예)**

1) 사건의 개요

본 사건은 미국에서 나이키, 아디다스, 뉴발란스 등 유명 스포츠브랜드의 운동화 및 의류를 수입한 뒤, 국내에서 크림, 중고나라, 당근마켓, 나이키매니아 등의 플랫폼을 통해 판매한 사건이다.

위와 같이 운동화 등을 해외에서 수입한 뒤, 플랫폼을 통해 판매하는 것 자체에는 문제가 없다. 하지만 이 경우 수입 시 정식수입신고를 하고 세금을 납부하여야 하는데, 의뢰인께서는 목록통관을 하여 세금을 면제받았고, 세관에서는 압수수색영장을 발부받아 수사를 시작하였다.

2) 세관조사 후, 검사의 구속영장 청구

본 사건은 다수의 지인의 통관고유부호를 사용하여 7000회 이상 수입한 사건이다. 이 사건 당시에는 목록통관은 하루에 1건만 수입이 가능하고, 같은 날 2건 이상 목록통관으로 수입하게 되면 합산과세가 되었기 때문에, 이를 피하기 위해 의뢰인께서는 지인의 통관고유부호를 이용하였다.

세관조사 때에 범행사실을 모두 인정하고 협조하였음에도 불구하고, 검찰에서는 범죄의 중대성을 근거로 구속영장을 청구하였다. 구속영장이 청구될 경우 인용확률이 80%에 이르기 때문에, 구속이 안 될 것 같은 사건도 구속되는 경우가 허다하다. 그리고 구속영장청구서가 접수된 후 2-3일 안에 영장실질심사가 빠르게 진행되기 때문에, 변호인이 준비할 시간이 촉박하다.

구속영장실질심사는 다음과 같이 진행된다.

① 검사가 구속영장청구서 법원에 접수
② 접수된 날로부터 2~3일 뒤 구속영장실질심사 진행 (전화로 기일/시간 통보)
③ 피의자는 영장실질심사 1시간 전에 미리 검찰청으로 이동, 수사관과 함께 법원으로 출석

④ 변호인은 법원으로 이동하여 구속영장실질심사 재판진행
⑤ 검사가 구속사유 등 진술하고, 변호인이 구속사유 없다는 내용의 변론 및 의견서
　 제출
⑥ 피의자 최후진술, 영장실질심사 종료
⑦ 피의자는 인근 경찰서 유치장으로 이동하여, 영장실질심사 결과가 나올 때까지 대기
⑧ 구속영장발부 결정 (영장실질심사 당일 저녁 또는 밤)

3) 영장실질심사 진행

나는 다음과 같은 점을 주장하여, 구속사유가 없으므로 검사의 구속
영장청구를 기각해 달라고 주장하였다.

증거인멸 및 도주우려와 관련,
① 첫 조사 때부터 피의사실을 인정하였고, 관련된 증거는 수사기관
　 에서 모두 확보하였다는 점
② 피의자는 소환조사를 요구할 때마다 성실하게 출석하였고, 주거가
　 일정하여 도주 우려는 전혀 없다는 점
③ 평범한 직장에서 근무하고 있다는 점
④ 세관에서 제출을 요구한 자료들을 성실하게 제출하였다는 점

범죄의 중대성과 관련,
① 본 사건 범행은 목록통관 수입으로서, 품명, 가격, 수량 등 모든 목
　 록통관 정보는 세관에 사실대로 신고되었다는 점
② 다만 판매목적으로 수입한 물품을 정식수입신고 하지 않았다는 점

때문에 밀수입죄로 의율되는 유형이라는 점

③ 다른 유형의 밀수입과는 다르게 물품의 기본적인 정보가 목록통관을 통해 신고가 되기 때문에, 수입되는 물건이 어떤 물건인지에 대하여 국가에서 파악하고 있다는 점

④ 본 사건보다 금액이 훨씬 크고 범행수법도 좋지 않은 사건들에서도 집행유예를 선고하였다는 점

⑤ 양형기준에 따르더라도 집행유예가 권고된다는 점

위와 같은 점을 근거로 본 사건은 구속을 해야 할 만한 사건이 아니라고 주장하였고, 본 사건보다 규모가 큰 사건들에서도 집행유예로 선처한 사건들의 판례를 다수 제출하여 재판부를 설득하였다.

구속영장실질심사가 오전에 끝난 후, 의뢰인께서는 경찰서 유치장에서 영장실질심사 결과가 나올 때까지 대기하였다. 결과는 저녁 늦게 나왔는데, 다행히 검사의 영장청구는 기각되었고, 의뢰인께서는 불구속상태에서 재판을 받을 수 있게 되었다.

4) 구속영장 기각 후, 1심 재판 진행

본 사건은 검사가 구속영장까지 청구하였을 정도로 중대한 사건이었기 때문에, 1심에서는 집행유예를 받는 것을 목적으로 하여 사건을 진행하였다.

본 사건은 목록통관으로 진행된 밀수입 사건이기 때문에, 아무런 신고를 하지 않는 일반적인 밀수입 사건과는 다른 사건이며, 내가 담당했던 유사사건이나, 규모가 더 큰 사건에서 집행유예를 선고한 판례를 다수 제출하여 재판부를 설득하였다.

결과적으로 1심 재판부에서는 피고인에게 집행유예를 선고하였고, 추징금 25억원은 필요적 추징조항에 따라 25억원이 그대로 선고되었다. 관세법상 추징은 필요적 추징이기 때문에, 이렇게 범칙시가 전액이 선고되는 것이 원칙이다.

구속영장도 기각되었고 1심 재판결과 실형을 면한 점은 다행이나, 고액의 추징금이 선고된 점이 아쉬웠고, 의뢰인께서는 항소를 하기로 결정하였다. 나는 항소심에서는 추징금까지 면제받는 것을 목표로 사건을 진행하였다.

5) 항소심 재판

본 사건은 피고인뿐만 아니라, 검사도 항소를 하였다. 검찰 측에서는 피고인에게 실형을 선고할 것을 요청하면서 항소한 것이고, 피고인 측에서는 추징금까지 면제해 달라는 주장을 하며 항소하였다. 쌍방이 항소한 사건에서는 검찰 측의 주장을 방어함과 동시에, 피고인 측의 주장까지 재판부에 어필하여야 하기 때문에, 공격과 방어를 동시에 해야 하는 사건이 된다.

항소심에서 나는 다음과 같은 점을 주장하여, 추징금을 면제해달라는 주장을 하였다.

① 추징금은 주형과 함께 선고유예할 수 있다는 것이 판례의 태도라는 점
② 추징의 근거가 되는 관세법 위반의 경우, 목록통관으로서 비난 가능성이 낮다는 점
③ 수입한 물건들은 수입이 금지되는 물건이거나, 국민건강에 위해를 발생시키는 물건이 아니라는 점
④ 25억 상당의 추징이 선고될 경우, 피고인은 더 이상 정상적인 경제생활을 할 수가 없어, 평범한 직장을 다니고 있는 피고인의 갱생의 여지를 무력화할 수 있다는 점
⑤ 본 사건보다 규모가 훨씬 큰 사건들에서도, 추징금을 유예한 사례가 존재한다는 점

또한 내가 담당한 사례들 중에서, 추징금을 면제한 사례들의 판결문을 다수 제출하였다.

6) 항소심 결과

항소심 재판부에서는 검사의 항소를 기각하고, 피고인 측의 항소를 인용하여, 1심에서 선고된 약 25억원의 추징금을 모두 집행유예하여 면제하는 판결을 선고하였다. 일반적으로 항소심에서 1심 판결을 뒤집는

것은 쉽지 않고, 특히 본 사건의 규모가 컸기 때문에, 항소심에서 25억 원의 추징금을 면제받은 것은 매우 성공적인 결과이다.

무엇보다 검찰 측에서 1심 시작 전부터 구속영장청구를 하고, 검사가 1심판결에 불복하여 실형을 선고해 달라고 항소까지 한 사건이기 때문에, 의뢰인 입장에서는 결과가 확정될 때까지 실형가능성을 완전히 배제할 수 없어 계속 불안감을 갖고 있었을 것이다. 2년 가까운 시간이 걸렸지만, 최상의 결과가 나온 사건으로서 성공적인 사례가 되었다.

의료기기 밀수입 사건 무죄판결 - 추징금 6600만원 방어

물품			의료기기 (미용목적)
죄명			밀수입죄
유형			위장신고 (의료기기 HS코드가 아닌, 미용기기 HS코드로 신고)
관할	세관		서울세관
	검찰		수원지방검찰청 안양지청
	법원		수원지방법원 안양지원(1심) 수원지방법원(2심)
규모			시가 약 6600만원
결과	1심	벌금	800만원
		추징금	**약 6600만원**
	2심	벌금	700만원
		추징금	**없음(밀수입죄 무죄 판결)**

1) 사건의 개요

의뢰인은 해외에서 미용기기 A를 수입하여, 국내에서 네이버 스토어 등을 통해 판매하였다. 그런데 수년 동안 아무런 문제없이 수입하여 판매하고 있었는데, 갑자기 세관에서 압수수색을 진행하게 되었다.

세관에서는 의뢰인이 수입한 물품이 미용기기인 A가 아니라 의료기기인 B라고 판단하였고, 수입신고할 때에 B가 아닌 A로 허위신고 하였다는 것을 근거로, 밀수입죄 혐의로 조사를 시작하였다.

2) 밀수입 유형 중 '위장수입신고'에 해당하는 사례

밀수입죄는 수입신고를 아예 하지 않은 경우(무신고수입)뿐만 아니라, 수입신고를 하였으나 실제 물건과 다르게 신고한 경우에도 밀수입죄가 적용된다. 이를 '위장수입신고'라고 한다. 세관에서는 의뢰인이 의료기기로 수입할 경우 수입요건이 까다롭기 때문에, 이러한 절차를 회피하기 위해 미용기기로 위장신고하여 밀수입하였다는 혐의로 조사를 시작하였다. 그리고 물품의 국내도매시가인 약 6600만원을 추징금으로 산정하여 검찰로 고발하였다.

3) 추징보전

추징금이 선고되는 사건의 경우 수사단계에서 피의자 재산에 대하여 가압류 등을 할 수 있는데, 이를 추징보전이라고 한다. 본 사건의 경우 검찰에서 의뢰인이 재산을 빼돌리는 것을 막기 위해, 의뢰인 소유의 부동산에 추징보전을 하였다. 부동산이 가압류되면 처분하는 것이 곤란해지고, 대출이 존재하거나 세입자가 있을 경우에는 난처한 상황이 많이 발생하게 된다.

4) 다른 변호인을 선임하여 진행된 1심 형사재판의 결과

의뢰인은 다른 변호인을 선임하여 1심 재판을 진행하였다. 의뢰인의 입장은 자신은 A 물품을 수입했고, 이를 A로 신고하였으므로, 밀수입죄가 성립되지 않는다는 입장이었다.

그런데 1심 변호인은 형법 제16조의 법률의 착오를 주장하였는데, 재판결과 이러한 주장이 인정되지 않아 밀수입 혐의가 그대로 유죄로 판단되었고, 추징금 6600만원이 선고되었다.

의뢰인께서는 1심 판결 후 우리 사무실에 찾아오셨고, 내가 사건을 검토한 결과 1심에서 주장한 형법 제16조의 법률의 착오는 인정될 가능성이 거의 없다고 판단되었다. 애초에 우리나라 판례 중에 법률의 착오를 인정한 사례가 손에 꼽을 정도로 적다.

의뢰인은 수입신고를 적절하게 하였다는 주장이었기 때문에, 이는 범죄사실의 증명이 없는 경우에 해당하여 형사소송법 제325조 후단 무죄를 주장해야 하는 사건이었고, 항소심부터 내가 사건을 담당하여 진행하게 되었다.

5) 항소심 재판 - 증거 및 의견서 제출

본 사건에서 검찰 측 주장은 의뢰인이 수입한 미용기기가 사실은 제모기능이 있는 의료기기라는 것이었고, 의뢰인 측 주장은 피부관리 목적의 미용기기만 수입하였지, 해당 물품에는 제모기능이 없다는 것이었다.

이를 입증하기 위해 ① 기존 주문내역, ② 수령한 물품 현품 사진, ③ 판매할 때 사용한 광고자료, ④ 판매자의 확인서, ⑤ 당시 물품 포장작업을 한 직원의 진술서 등 여러 가지 증거를 제출하여, 피고인이 수입한 물품에는 제모기능이 없어 의료기기가 아니라는 점을 입증하였다.

또한 피고인은 제모기능이 있는 제품을 따로 수입 및 판매하기 위해 알아본 적이 있었는데, 당시 의료기기 인증업체와 의논하면서 샘플로 1건을 수입한 적이 있었고, 다행히 인증업체와의 문자 내용이 남아 있어서 이를 증거로 제출하였다. 당시 수입한 의료기기 샘플 제품을 보면, 피고인이 수입한 미용기기와는 헤드부분이 다르게 생긴 것을 확인할 수 있었다. 또한 해외판매자의 설명이나 매뉴얼도 미용기기와 의료기기가 서로 다르다는 점을 주장하여, 피고인이 수입한 것은 미용기기라는 점을 더욱 뒷받침할 수 있었다.

6) 검찰의 예비적 공소장 변경

위와 같은 내용의 주장을 담은 의견서와 증거들을 제출한 뒤, 검찰 측에서는 공소장을 '밀수입죄'에서 '부정수입죄'로 예비적으로 변경하였다. 이는 재판이 그대로 진행되면 무죄 판결이 나올 것이 뻔하기 때문에, 검찰입장에서는 최소한 부정수입죄라도 인정받기 위해서 공소장을 변경한 것이다.

의뢰인께서는 부정수입죄 혐의는 인정하는 입장이었고, 부정수입죄의 경우 추징금은 선고되지 않기 때문에, 피고인에게 매우 유리한 공소장변경이었다.

7) 판결선고

항소심 재판부에서는 밀수입죄 공소사실에 대해서는 전부무죄를 선고하였고, 추징금 6600만원을 선고한 원심 판결을 파기하였다. 검사가 제출한 증거들만으로는 피고인이 밀수입을 하였다는 점을 증명할 수가 없다는 이유로, 밀수입 혐의에 대해서 무죄로 판단한 것이다.

이로써 의뢰인께서는 1심에서 선고되었던 추징금 6600만원을 전부 면제받게 되었고, 부정수입죄 혐의에 대해서만 경미한 벌금형으로 사건이 종결되었으며, 추징보전으로 인해 가압류 되었던 부동산에 대해서도, 가압류가 해제되어 사건이 잘 마무리되었다.

시가 65억 상당 명품 구매대행 언더밸류 관세포탈 사건

물품		명품 가방, 지갑, 의류, 잡화 등
죄명		관세포탈죄
유형		국제특송 (언더밸류)
관할	세관	인천공항세관
	검찰	인천지방검찰청
	법원	인천지방법원
규모		시가 약 65억원
결과	징역	집행유예
	벌금	없음
	추징금	

1) 사건의 개요

본 사건은 유럽에서 명품 구매대행 업체를 운영하면서, 국내구매자들에게 국제특송으로 물품을 발송할 때에 가격을 언더밸류하여 낮게 신고한 사건이다. 구매대행업체 입장에서는 관부가세가 발생할 경우 구매자의 부담이 되기 때문에, 이는 결국 가격경쟁력이 약화되는 결과가 된다. 따라서 판매촉진을 위해 가격을 언더밸류 하여 낮게 신고할 유인이 발생하게 된다. 본 사건은 수입신고 자체는 이루어졌으나, 가격을 낮게 신고하여 구매자가 관부가세를 적게 납부하게 한 사건으로서, 관세포탈죄가 적용된 사건이다.

2) 이 사건의 특징

본 사건은 범칙시가가 65억 상당으로서 규모가 매우 큰 사건이었다. 또한 5년이라는 장기간에 걸쳐 4천 개가 넘는 다수의 명품을 수입하면서 가격을 낮게 신고하여 관세를 포탈하였기 때문에, 재판부에서 실형을 선고할 수도 있는 정도의 사건이었다. 게다가 고액의 벌금까지 병과될 수도 있는 사건이었기 때문에, 실형을 집행유예로 방어하고 벌금이 병과되지 않도록 대응해야 하는 사건이었다.

3) 조사 과정

의뢰인께서는 처음에는 다른 변호인을 선임하여 사건을 진행하다가, 사건이 잘 해결되지 않는 듯한 느낌을 받았고, 나의 사무실로 방문하셔서 상담을 하셨다. 내가 그동안의 조사 진행과정을 검토해 보니, 의뢰인께서는 앞으로의 사건 진행 방향이나 예상되는 결과에 대하여 기존 변호인으로부터 뚜렷한 조언을 받지 못하였고, 이 때문에 매우 불안해하셨다. 기존 변호인이 관세전문변호사가 아니다 보니, 사건에 관한 경험이 없어 명확한 방향을 제시하지 못하였던 것이다.

의뢰인께서는 이러한 불안한 마음에 수사과정에 협조하지 못하고 있었다. 왜냐하면 예상결과가 불명확한 상황에서, 조사를 받는 피의자 입장에서는 자칫 사건이 잘못되거나 규모가 커져서 구속되는 것을 걱정할 수밖에 없다. 결국 두려운 마음에 기존 범죄사실을 선뜻 인정하거나, 자료제출에 적극적으로 대응할 수 없게 된다. 이는 추후 재판과정에서 '수사에 협조하지 않았다'는 내용으로 반영될 수 있고, 오히려 의뢰인에게 불리한 양형요소로 반영될 수 있었다.

나는 의뢰인 분께 본 사건의 규모, 앞으로의 진행 과정과 그 기간, 예상되는 결과를 구체적으로 안내했다. 또한 본 사건의 목표를 징역형을 집행유예로 방어하고, 벌금이 병과되지 않도록 하는 것으로 정했고, 의뢰인께서는 사건의 진행 방향과 목표가 명확해지자, 안정을 되찾고 사건에 잘 대응할 수 있었다. 그리고 이후 수사과정에서는 내가 조언한 대로 기존 범죄사실을 인정하고, 수사에 적극적으로 협조하게 되었다.

4) 재판 과정

본 사건은 인천지방법원 단독재판부에서 진행되었다. 나는 본 사건에서 우리나라 구매대행 업계가 현재 치열한 가격경쟁으로 인해 언더밸류를 하는 관행이 만연하고, 이 때문에 의뢰인 업체도 어쩔 수 없이 언더밸류를 할 수밖에 없었던 상황이라는 점을 자세히 설명하였다. 그리고 언더밸류로 인해 관부가세를 면제받는 것은 구매자이기 때문에, 그 이익이 구매대행 업체로 귀속되지 않는다는 점을 주장하였다.

검사는 피고인에게 징역 3년과 함께 벌금 2억원을 구형하였다. 나는 다음과 같은 점을 근거로, 본 사건에서 징역형과 벌금형을 선처해 달라는 변론을 하였다.

① 피고인은 공소사실의 범행에 관하여 세관 조사 때부터 전부 인정하였고 진심으로 반성하고 있다는 점

② 전과가 전혀 없는 초범이라는 점

③ 피고인이 취득한 이익은 많지 않다는 점

④ 세관으로부터 분할납부 승인을 받아, 체납세액을 성실하게 납부하고 있다는 점

⑤ 피고인은 수입이 금지되거나 수입이 제한되는 물건을 수입한 것은 아니며, 수입한 물품들은 모두 유럽 현지의 정식 매장에서 구매한 정품으로서, 위조상품 등 상표권을 침해한 물품을 수입한 것은 아니라는 점

⑥ 피고인은 세관에서 연락을 받은 이후로는 곧바로 범행을 그만두었고, 현재는 정상적으로 수입신고를 하고 있다는 점

⑦ 피고인은 사회적 유대관계가 분명하고, 경제생활을 성실하게 하고 있다는 점

⑧ 대법원 양형기준에 따를 때 피고인의 경우 일반참작 사유에서 부정적 사유는 하나도 해당하지 않고, 5개의 긍정적 사유만이 해당하므로 집행유예가 권고된다는 점

⑨ 본 사건과 규모가 크거나, 죄질이 더 좋지 않은 사건에서도 집행유예 판결을 통해 선처하였다는 점

⑩ 기존 유사 사례들에서 벌금을 병과하지 않는 사례가 많고, 본 사건의 벌금형은 임의적 병과로서 반드시 벌금을 병과해야 하는 것은 아니라는 점

5) 결과

재판부에서는 징역 1년 8월에, 집행유예 4년으로 피고인을 선처하는 판결을 하였다. 또한 검사가 구형한 벌금을 선고하지 않아, 벌금형을 전액 선처하였다. 본 사건은 범칙시가가 65억 상당으로 규모가 큰 사건이었고, 수사과정 초기에 혐의를 부인하는 등 수사에 협조하지 않았다는 불리한 점이 있었으며, 경우에 따라 실형이 선고될 수도 있는 사건이었다. 다행히 이후 수사과정에서는 수사에 적극적으로 잘 협조하였고, 재판과정에서 다수의 하급심 판례를 제출한 것이 받아들여져 징역형과 벌금형을 모두 선처를 받은 사건이다.

명품 24억 밀수입, 1심 실형을 뒤집고 항소심에서 집행유예

물품		명품 의류, 잡화	
죄명		밀수입죄, 관세포탈죄, 부정감면죄	
유형		목록통관 (특송업체 언더밸류)	
관할	세관	인천공항세관	
	검찰	인천지방검찰청	
	법원	인천지방법원	
규모		시가 약 24억원	
결과	1심		징역 1년 6월 (**실형**)
	2심	징역	**집행유예**
		벌금	**전액 선고유예**(5천만원)
		추징금	**전액 선고유예**(약 24억)

1) 사건의 개요

본 사건은 유럽에서 구입한 샤넬, 에르메스 등의 물품을 국내로 국제특송으로 수입하면서, 가격을 낮게 신고한 사건이다. 가격을 낮게 신고한 물품 중, 신고가격이나 신고형태에 따라 다음과 같은 죄명이 적용되었다.

죄명	행위
밀수입죄	가격을 $150 이하로 저가신고하여 목록통관
관세포탈	정식수입신고를 하였으나, 가격을 적게 신고
부정감면	정식수입신고를 하였으나, 자가사용으로 신고하여 세금 면제

2) 이 사건의 특징

본 사건은 의뢰인께서 변호인을 선임하지 않고 세관조사, 1심 재판까지 진행하였다가, 1심에서 징역 1년 6월의 실형을 선고받고 나서, 나를 선임한 사건이다. 의뢰인께서는 집행유예가 나올 것으로 기대하고 1심에서 국선변호인의 도움을 받아 사건을 진행하였으나, 기대와 달리 1년 6월의 실형을 선고받았던 것이다.

의뢰인께서는 초범이었는데, 1심 재판부에서는 초범임을 감안하더라도 본 사건의 규모가 시가 24억원 상당으로 규모가 크다는 점을 반영하여 실형을 선고했던 것이다. 따라서 본 사건은 항소심에서 집행유예로 선처받는 것을 목표로 진행하게 되었다.

3) 항소심 재판

1심 소송기록과 증거기록을 검토해 보니, 1심에서는 의뢰인의 양형사유가 적극적으로 반영되지 않았다. 국선변호인이 진행했던 사건이다 보니, 아무래도 적극적인 변론을 기대하기 어려웠고, 특히 유사사건의 판례가 전혀 제출되지 않아 많이 아쉬운 점이 있던 사건이다.

또한 본 사건의 1심 판결이 선고될 당시에는 아직 관세법 양형기준이 없었고, 이에 1심 재판부에서는 조세포탈의 양형기준을 적용하였다. 그리고 기본 형량 범위를 가장 중한 3유형으로 적용하여 양형에 반영했다. 그런데 실제 의뢰인이 포탈한 세액을 정확하게 계산해 보니 3유형이 아닌 1유형에 해당하는 사건이었고, 1심에서 주장하지 않은 다른 긍정적 양형사유가 있었기 때문에, 이러한 점을 적극적으로 주장하여, 1심 결과를 뒤집기 위해 노력했다.

구체적으로는 다음과 같은 점을 주장하였다.

① 원심에서는 피고인이 포탈한 세액이 5억원 이상이라고 가정하여, 기본형량 범위를 3유형(1년 ~ 2년)으로 적용하였는데, 피고인이 본 사건으로 인해 실제 포탈한 세액은 보수적으로 계산해도 약 2억 7000만원 정도로서, 1유형(6월 ~ 10월)이 적용되어야 한다는 점
② 양형기준 중 집행유예 기준을 보더라도, 피고인의 경우 일반참작사유에서 부정적 사유는 하나도 해당하지 않고, 5개의 긍정적 사유만이 해당하므로 집행유예가 권고된다는 점
③ 본 사건과 규모가 훨씬 크거나, 죄질이 더 좋지 않은 사건에서도 집행유예 판결을 통해 선처하였다는 점
④ 밀수입 유형의 관점에서 보더라도, 본 사건은 목록통관은 되었기 때문에, 수입물품에 대하여 국가가 파악이 가능했던 사건이라는 점
⑤ 피고인은 수사기관에서부터 이 사건 범죄사실을 모두 인정하며 수사에 협조하였고, 수사기관에서 필요한 자료를 모두 제출하였다는 점
⑥ 전과가 없다는 점
⑦ 취득한 이익은 한 달에 약 200만원 남짓으로서 많지 않다는 점
⑧ 체납세액을 성실하게 납부하고 있다는 점

⑨ 수입이 금지되거나 수입이 제한되는 물건을 수입한 것은 아니라는 점

⑩ 수입한 물품들은 모두 유럽 현지의 정식 매장에서 구매한 정품 물품들로서, 위조상품 등 상표권을 침해한 물품을 수입한 것은 아니라는 점

⑪ 세관에서 연락을 받은 이후로는 곧바로 범행을 그만두었다는 점

⑫ 피고인에게는 어린 자녀가 있으며, 자녀 양육에 있어 피고인의 존재가 매우 중요한 시기라는 점

위와 같은 점을 근거로, 1심 판결을 파기하고 피고인을 선처해 달라는 변론을 하였다.

4) 결과

재판부에서는 실형을 선고했던 1심 판결을 파기하고, 피고인에게 집행유예 3년을 선고하였다. 또한 벌금 5천만원과, 추징금 약 24억원도 모두 선고유예 하여 선처하였다.

항소심 재판부에서는 기본적으로 1심 판결을 존중하고, 1심 판결에 특별한 잘못이 없을 경우 원심을 그대로 유지한다. 게다가 본 사건처럼 1심 판결 선고 후 새로운 양형조건의 변화가 없을 경우에는 더더욱 원심판결을 유지하는 경향이 강하다.

그럼에도 불구하고 본 사건은 1심에서 주장하지 못했던 양형사유를

적극적으로 어필하고, 본 사건보다 규모가 큰 사건에서 집행유예를 선고한 판례를 다수 제출함으로써, 항소심 재판부를 설득하여 좋은 결과를 낼 수 있었다.

면세점에서 구매한 전자제품을 공항에서 밀수입한 사건

물품		전자제품 (DSLR 카메라)
죄명		밀수입죄
유형		면세점 핸드캐리 (공항 직접 반입)
관할	세관	김포공항세관
	검찰	인천지방검찰청
	법원	인천지방법원
규모		시가 약 6억원
결과	징역	집행유예
	벌금	전액 선고유예
	추징금	**전액 선고유예(약 6억원 상당)**

1) 사건의 개요

본 사건은 국내면세점에서 구매한 카메라 등 전자제품을 공항을 통해 반입하면서, 수입신고를 하지 않고 밀수입한 뒤에 국내에 유통시킨 사건이다. 면세점의 경우 세금이 면제될 뿐만 아니라 국내유통가보다 저렴하게 판매하고 있기 때문에, 이를 수입해서 판매하게 되면 판매차액이 발생하게 된다. 판매용 물품은 면세점에서 구매한 것이라도 가격에 상관없이 전부 정식수입신고를 하여야 하고, 공항에서 반입할 때나 혹은 그 전에 정식수입신고를 하고 세금을 납부하여야 한다. 본 사건은 아무런 신고를 하지 않고 수입하여 국내에서 판매한 사건이다.

2) 이 사건의 특징

본 사건은 면세점에서 구매한 물품을 인천공항이나 김포공항을 통해 입국하면서 직접 운반한 사건으로서 일명 '핸드캐리' 사건이다. 핸드캐리 사건은 목록통관과는 다르게 아무런 신고가 되지 않기 때문에, 국가에서 어떤 물품이 반입되는지 전혀 파악할 수 없게 만드는 유형이다. 이러한 점 때문에 법원에서도 목록통관 범행보다 죄질을 더 안 좋게 보는 범행유형이다. 따라서 일반사건들보다 선처를 받을 확률이 훨씬 낮아지게 된다.

또한 카메라의 경우 관세는 0%이고 부가세만 10%인데, 만약 정식수입신고를 할 경우 부가세는 매입세액으로 공제(환급)되고, 전체금액이 비용처리 되기 때문에, 사실 수입신고를 하는 것이 본인에게 더 유리한 상황이었다. 의뢰인께서는 이런 점까지는 모르고 있었기 때문에, 이와 같은 특별한 사정을 양형자료로 충실히 제출하여 선처받아야 하는 사건이었다.

3) 조사 과정

세관에서는 여행자의 카드결제내역, 면세점 구입내역, 수입통관내역 등의 자료를 갖고 있다. 따라서 카드결제내역보다 수입신고금액 및 건수가 적을 경우에는, 나머지 차액부분 및 건수에 대하여는 관세포탈이나 밀수입 혐의가 있다고 판단하여 조사과에 의뢰를 할 수 있다. 본 사건의 경우 출입국 횟수가 잦고 면세점 구매 건수와 금액이 상당한데, 수입통관내역이 현저하게 적었기 때문에, 휴대품과에서 조사과로 조사의 뢰를 하게 된 것이다.

이후 압수수색, 방문조사 등의 조사를 거쳐 국내판매내역, 계좌내역 등의 혐의를 입증할 만한 증거가 발견되었고, 세관소환조사가 진행되었다. 세관소환조사 과정에서는 밀수입에 동원된 가족까지 조사를 하였으나, 다행히 가족의 경우 혐의에서 배제되었다. 공범이 많아질 경우 추후 재판과정에서 절대적으로 불리하기 때문에, 가능하다면 혼자 처벌받는 것이 가장 좋다. 왜냐하면 공범이 여러 명이 있는 사건에서는, 재판부에서는 주범이 누구인지를 구별하게 되고, 적어도 주범은 강하게 처벌하는 경향이 있기 때문에, 그만큼 선처받을 가능성이 낮아지게 되기 때문이다.

검찰 조사 이후 검찰에서 사건의 내용이 달라진 것은 없으나, 본 사건은 검찰에서 의뢰인 소유 예금계좌를 추징보전 절차를 통해 가압류를 하였다. 추징보전을 하는 이유는 추후 재판에서 어차피 추징금이 나올 사건이고, 피고인이 돈을 빼돌리게 될 경우 추징집행이 어려워지기 때문이다.

보통 추징보전을 하는 사건은 이렇게 검찰에서 기소를 할 때 즈음에 진행하는 경우도 많다. 하지만 드물게 세관조사 진행과정 중에 기소전 추징보전을 하는 경우도 있다. 예금계좌가 가압류되면 해당 계좌에 있는 돈은 인출할 수 없게 된다.

4) 재판 과정

본 사건은 인천지방법원 단독재판부에서 진행되었다. 나는 내가 담당하는 모든 사건에서, 변호인 의견서를 반드시 첫 기일 전에 미리 제출한다. 왜냐하면 이렇게 해야 재판부에서도 미리 사건을 파악하고 재판에 임할 수 있기 때문이고, 피고인 측에서 원하는 것이 무엇인지, 그 근거가 무엇인지에 대하여 보다 집중적으로 심리가 이루어질 수 있기 때문이다. 이렇게 첫 기일에서 보다 핵심내용에 집중하여 재판을 진행할 수 있기 때문에, 재판부와 변호인 측에서도 사건이 훨씬 수월하게 진행된다.

검사는 피고인에게 징역형과 함께 벌금 및 추징금 약 6억원을 구형하였다. 나는 다음과 같은 점을 근거로, 본 사건에서 추징을 선처하여 달라는 변론을 하였다.

① 피고인은 수사에 적극적으로 협조하였고, 자신의 잘못을 진심으로 뉘우치고 있다는 점
② 현재는 범행을 완전히 그만두었고, 정상적인 경제생활을 하고 있다는 점
③ 이 사건 물품은 판매하는 경쟁사가 많아 애초에 피고인이 많은 이익을 취하는 것이 불가능하고, 실제로 취득한 이익은 거의 없다는 점
④ 카메라의 경우 관세가 0%이고, 부가세는 매입세액공제(환급)되기

때문에, 피고인이 수입신고를 제대로 하였다면 오히려 경제적으로 이득이었다는 점

⑤ 이 사건 범행은 조직적인 범행은 아니고, 오로지 피고인 혼자 행한 것이라는 점

⑥ 피고인이 가족들을 전적으로 부양하고 있어 경제적인 상황이 어렵다는 점

⑦ 추징만을 분리하여 선고유예를 할 수는 없지만, 주형의 일부에 대하여 선고를 유예하는 경우에는 그 부가형인 몰수 추징에 대하여도 선고를 유예할 수 있다는 것이 판례의 태도라는 점

⑧ 피고인은 선고유예의 요건에 해당하는 자라는 점

⑨ 6억원 상당의 고액의 추징이 선고될 경우, 피고인의 예금통장이 압류되어 정상적인 경제생활을 하는 것이 어려워져, 피고인의 갱생의 여지를 무력화할 수 있다는 점

⑩ 변호인이 담당한 기존 사건들 중에서, 본 사건보다 규모가 큰 사건들에서도 추징을 선처한 사례가 많이 있다는 점

위와 같은 점을 근거로, 피고인에 대한 추징금 6억원을 면제해 달라는 점을 최후변론을 통해 다시 한 번 강조하였다.

5) 결과

재판부에서는 추징금 6억과 벌금을 모두 선고유예로 면제하였고, 징역형에 대하여는 집행유예로 선처하는 판결을 하였다. 핸드캐리 사건

은 다른 사건들보다 선처받는 것이 더 어려운데, 본 사건의 경우 재판부에서 피고인이 취득한 이익이 많지 않고, 관세율이 0%이기 때문에 수입신고를 하였다면 더 이득이었던 사건이라는 점 등의 특별한 사정을 고려하여 선처를 받은 사건이다.

반도체 장비 밀수출, 항소심에서 추징금 9억5천만원 면제

물품		반도체 장비
죄명		밀수출죄
유형		① 언더밸류 목록통관 ② 인천공항 핸드캐리
관할	세관	서울세관
	검찰	수원지방검찰청 평택지청
	법원	수원지방법원 평택지원(1심) 수원지방법원(2심)
규모		시가 약 9억 5천만원
결과	1심 징역	6개월(집행유예 1년)
	1심 추징금	**약 9억 5400만원**
	2심 징역	6개월(집행유예 1년)
	2심 추징금	**없음**

1) 사건의 개요

의뢰인은 반도체 장비를 해외에 수출하는 사업을 하고 있었다. 그런데 사업 초반에 수출신고 의무 등을 정확하게 파악하고 있지는 못하였고, 거래처인 수입업자들이 세금이 부담된다고 하여 수출신고를 하지 않고 샘플로 제품을 수출하였다.

의뢰인은 수출의 경우에는 관세 등 세금 납부와 아무런 관계가 없고, 이런 식으로 물건을 보내도 관세청에서 따로 연락을 하거나 제지하지 않았기 때문에 별다른 문제가 없을 것으로 생각하고, 약 3년 동안 수출신고 없이 반도체 장비 약 9억5천만원 가량을 수출하였다.

그런데 갑자기 세관에서 밀수출 혐의가 있다며 사업장을 압수수색 하였고, 의뢰인은 관세법상 밀수출죄 위반 혐의로 세관조사, 검찰조사를 받은 후 기소되어 형사재판을 받게 되었다.

2) 변호인 없이 진행한 1심 재판 결과

의뢰인은 1심에서 변호사 선임 없이 재판을 진행하였고, 그 결과 집행유예 1년에 추징금 9억5천만원 상당을 선고받게 되었다.

의뢰인은 추징금 9억5천만원을 낼 형편이 전혀 안 되었고, 이러한 고액의 추징금은 전혀 예상하지 못하였기에, 항소심은 나를 선임하여 진행하게 되었다.

3) 항소심 대응 전략

의뢰인의 사정을 들어 보니, 의뢰인께서는 각 거래처에 연락하여 수출된 물품을 다시 국내로 반입하는 것이 가능하다고 하였다. 관세법상 범칙물품의 경우 몰수가 원칙이고, 몰수가 불가능할 경우에 한하여 추징을 하게 된다. 따라서 만약 항소심 재판 전에 해당 물품들을 다시 반입하는 것이 가능할 경우, 이를 제출하여 추징을 면제받는 것이 법리적으로 가능하다. 따라서 항소심에서는 해당 물품을 몰수하는 것으로 변경하는 것을 목표로 항소심을 준비하게 되었다.

다만 원래는 몰수대상 물품은 수사기관에서 조사단계에 압수하여 창고에 보관한 상태로 재판이 진행되는데, 이 사건 물품은 부피가 크고 무게도 무거워서 재판부에 제출하는 것이 불가능했고, 피고인 본인이 점유 중인 상태에서도 몰수선고가 가능한지가 법리적인 쟁점이 되었다.

4) 항소심 재판 진행

항소심에서 나는 항소이유서를 제출하면서, 밀수출 물품을 현재는 피고인이 점유하고 있으므로, 몰수를 원칙으로 규정한 관세법 규정상 이 사건 물품들은 몰수 선고가 되어야 하고, 추징금을 선고한 1심 판결은 파기되어야 한다고 주장했다.

그리고 이에 대한 증거로서, 각 물품들의 개별 사진, 보관장소, 시리얼넘버 등의 자료를 상업 송장 및 패킹리스트 등과 함께 제출하였다.

이에 대하여 검찰 측에서는, '현재 물품이 압수되어 있지 않고, 피고인은 세관조사, 검찰조사, 1심 재판 때까지 물품을 점유하고 있다고 주장하거나, 몰수 선고에 대하여 아무런 주장이 없었다'라는 것을 근거로, 피고인의 항소를 기각하여 달라고 반박하였다.

나는 이에 대한 재반박으로서, '세관조사 및 검찰 조사 때 압수를 시도한 사실조차 없고, 대법원 판례에 따르면 몰수 선고는 물품이 압수되어 있는 것을 요건으로 하지 않는다'라고 주장하였다.

또한 형사소송법 제106조에 따라 법원은 몰수할 것으로 사료하는 물건을 압수할 수 있고, 제108조에 따르면 법원은 소유자가 임의로 제출한 물건을 영장 없이 압수할 수 있으므로, 필요한 경우 피고인이 점유하고 있는 물건을 공판기일에 임의제출 할 것이라고 주장하였다.

5) 재판결과

항소심 재판부에서는, 9억5천만원의 추징금을 선고한 1심판결을 파기하고, 물건을 몰수하는 것으로 선고를 변경하였다. 관세법상 밀수입, 밀수출죄에서의 몰수는 거의 모든 사건이 수사기관에서 이미 압수하여 보관하고 있는 물품을 대상으로 한다. 본 사건은 형사소송법 규정 및 대법원 판례에 따라 몰수 선고는 물품이 압수되어 있을 것을 요건으로 하지 않는다는 점을 반영하여, 몰수대상 물품을 피고인이 점유하고 있음에도 불구하고 추징을 몰수로 변경한 매우 이례적인 사건이다.

보석 밀수입 사건 - 추징금 1억4천만원 선고유예

물품		다이아몬드 등 보석
죄명		밀수입죄
유형		목록통관
관할	세관	인천세관
	검찰	인천지방검찰청
	법원	인천지방법원
규모		시가 약 1억4600만원
결과	징역	**선고유예**
	벌금	1000만원
	추징금	**전액 선고유예(약 1억 4000 만원)**

1) 사건의 개요

의뢰인은 미국 등 해외에서 보석류를 수입하여, 국내에서 가공하여 액세서리로 판매하는 사업을 하고 있었다. 그런데 수입하는 보석을 정식수입신고하지 않고 수입한 것이 상당히 있었고, 세관에서는 의뢰인이 수입신고를 하지 않고 밀수입 하였다는 혐의로 조사에 착수하였다.

본 사건은 해외수출자 측에서 수입자인 의뢰인이 요구하지도 않았음에도 불구하고 가격을 낮게 기재하였고, 이 때문에 선별검사에 걸리지 않아 물건이 그대로 통관된 것이었다. 수입자로서는 이 경우 재반입신고를 통해 수입신고를 할 수 있는데, 의뢰인은 일부 물건에 대하여만 재반입신고를 하였고, 나머지 대부분의 물건은 재반입신고를 누락하였다.

2) 세관조사

세관에서는 의뢰인이 인터넷 쇼핑몰을 통해 구매한 내역, 외화송금내역, X-Ray 사진, 현품사진 등을 증거로 확보하였고, 의뢰인이 상용물품을 수입하면서 수입신고를 하지 않았다는 이유로 관세법상 밀수입죄 혐의로 수사를 시작하였다. 3회에 걸쳐 피의자신문을 하였고, 세관조사는 큰 이슈 없이 마무리되어 사건이 검찰로 송치되었다.

3) 세관장의 과형의견 - 추징금 1억 4600만원

세관에서 사건을 검찰로 송치할 때에는 과형의견을 제시하게 된다. 벌금의 경우 밀수입죄는 일괄적으로 물품원가의 30%를 기재한다. 문제는 추징금인데, 추징금은 검찰에서 세관의 과형의견을 그대로 따른다. 따라서 추징 부분에 대한 세관의 과형의견은 중요한데, 세관에서도 임의적으로 산정하는 것이 아니라 법에 정해진 대로 '시가역산율'을 통해 추징금을 계산하는 것이다. 대법원에서도 시가역산율을 근거로 추징금을 산정하는 것이 적법하다고 판시한 바 있다.

4) 검찰조사

인천세관에서 조사가 마무리되어 사건은 인천지방검찰청으로 송치되었다. 세관조사에서 의뢰인이 혐의사실을 모두 인정하였던 부분을 다시 한 번 확인하는 절차를 거치고, 피의자 조사를 마무리하였다.

5) 형사재판 진행

첫 재판 전에 나는 변호인의견서를 통해 각종 양형자료를 제출하였다. 특히 본 사건은 '해외직구' 유형의 사건으로서, 아무런 통관절차가 없던 것이 아니고 EMS기표지를 통해 품명 등은 제대로 신고가 되었다는 점을 주장했다.

밀수입죄의 경우 공항에서 직접 물건을 숨겨서 들여오거나, 품명을 위장하여 수입신고하는 경우가 있는데, 본 사건은 '품명'과 '수량' 등의 정보는 모두 올바르게 기재하고, 다만 '가격' 부분만 낮추어 기재한 것으로서, 일반적인 밀수입과는 다르게 처벌되어야 한다는 점을 강조했다.

아울러 피고인이 이 사건으로 인해 취득한 이익이 500만원 정도밖에 안 되고, 부양가족이 있으며, 경제적 사정이 어렵고, 기존에는 정상적으로 통관한 적도 많이 있으며, 현재는 모두 정식수입신고하여 판매하고 있다는 점 등의 양형사유를 주장하였다.

변호인이 형사재판에서 양형사유를 잘 주장하기 위해서는 의뢰인과 대화를 많이 해야 한다. 상담과정에서 미처 캐치하지 못한 양형사유를 이후 대화과정에서 알 수도 있기 때문이다. 본 사건에서도 첫 상담이후 의뢰인과의 대화과정에서 일부물건을 '재반입신고' 하였다는 것을 나중에 알게 되었는데, 나는 이 부분이 매우 중요한 양형사유라고 생각했다. 왜냐하면 재반입신고는 이미 범행이 성공하였음에도 불구하고, 이를 바로잡기 위해 노력하였다는 점을 보여 주는 행위이기 때문이다. 이 점을 변호인 의견서를 통해 양형사유로 주장하였고, 실제로 판결문에서도 이 부분이 적시가 되었다.

추가적으로 본 사건과 유사한 사건이나, 규모가 훨씬 큰 사건에서 추징금을 선고유예를 한 하급심 판결문들을 여러 개 제출하여, 본 사건에서도 추징금을 선고유예를 하여 줄 것을 강하게 주장하였다.

6) 판결

1심 재판부에서는 추징 1억 4600만원과 징역을 선고유예로 선처하였고, 벌금 1000만원만을 선고하여, 본 사건은 경미한 처벌로 마무리되었다.

사실 본 사건은 첫 공판기일 때 내가 재판부에 선고유예를 희망한다고 주장하였을 때, 판사가 매우 부정적인 뉘앙스를 줬던 사건이다. 왜냐하면 선고유예는 매우 예외적인 것이기 때문에 일반적인 양형사유로는 선고유예를 하지 않기 때문이다.

본 사건의 경우 피고인에 대한 양형사유뿐만 아니라, '목록통관을 이용한 해외직구'라는 범행형태 자체가 처벌수위가 높아서는 안 된다는 점을 강하게 어필하였던 것이 재판부를 설득하는 데에 도움이 되었다. 단순히 피고인에 대한 양형사유만 주장한 것이 아니라, 판사로 하여금 사건의 비난가능성 자체를 다른 시각에서 보게끔 할 수 있기 때문이다.

금괴 밀수, 벌금 202억 및 추징금 443억을 면제받은 사건

물품		금괴
죄명		특정범죄가중처벌등에관한법률 위반 (관세)
유형		밀반송
관할	경찰	인천지방경찰청
	검찰	인천지방검찰청
	법원	서울중앙지방법원
규모		물품원가 약 404억원
결과	징역	집행유예
	벌금	**전액 선고유예(약 202억)**
	추징금	**전액 선고유예(약 443억)**

1) 사건의 개요

본 사건은 금괴 밀반송 사건이다. 다수의 피고인이 조직을 이루어 인천공항을 통해 일본으로 출국하면서, 금괴를 밀반출하였다는 혐의로 조사가 시작된 사건이다.

밀반송의 경우 공항환승구역에서 반송신고 없이 물품이 수출된 경우에 적용된다. 밀수출과는 약간 다른데, 밀수출은 국내에서 해외로 수출되는 경우에 적용되고, 밀반송은 공항면세구역 등 보세구역에서 해외로 반출되는 경우에 적용된다.

본 사건에서 운반된 금괴는 1kg 금괴 총 882개로서, 물품원가 약 404

억, 범칙시가 약 443억으로서 규모가 매우 큰 사건이었다.

2) 특가법 적용기준

밀수입죄의 경우 2억원 이상의 사건은 특가법이 적용되고, 밀수출죄(밀반송죄)의 경우, 5억원 이상의 사건이 특가법이 적용되어 가중처벌된다.

여기서 2억원, 5억원의 기준은 범칙금액을 모두 합산한 금액이 아니라, 1회 수출입 금액을 기준으로 한다. 따라서 한 번에 수입 또는 수출된 금액이 2억원, 5억원 이상일 경우에만 특가법이 적용된다.

특가법은 징역형 형량 자체도 가중처벌하지만, 물품원가에 해당하는 벌금을 필요적으로 병과하도록 규정하고 있다. 일반적인 범죄는 '얼마 이하'의 벌금형으로 규정하고 있어서, 재판부의 재량에 따라 벌금 금액 조절이 가능하다.

하지만 특가법은 ① 벌금 금액이 정해져 있고(밀수입 : 물품원가 2배) (밀수출 : 물품원가) ② 벌금을 '병과한다'라고 규정하고 있어, 반드시 벌금을 선고해야 하기 때문에 매우 강하게 처벌되는 경우가 많다.

3) 재판 과정

본 사건은 특가법 사건이기 때문에, 벌금액수와 추징금의 액수가 정해져 있었다.

① 벌금 : 물품원가인 약 404억(1/2 작량감경 시 약 202억)
② 추징금 : 범칙시가인 약 443억

특가법은 '물품원가의 2배' 또는 '물품원가'로 벌금액수가 정해져있다. 따라서 작량감경을 통한 1/2 금액을 낮추는 것 이상으로는, 벌금액수 조절이 불가능하다.

따라서 특가법 사건의 벌금의 경우, 벌금을 전액 면제받는 것을 목표로 해야 하는데, 그 방법은 벌금형에 대하여 '선고유예' 판결을 받는 것밖에 없다. 선고유예 판결은 해당부분에 대한 선고를 미루고, 2년 동안 범죄가 없을 경우 면소판결의 효과가 발생하는 판결로서, 피고인에게 매우 유리한 판결이다.

나는 본 사건에서 다음과 같은 점을 근거로, 벌금과 추징을 선고유예해 달라고 주장하였다.

① 유사사건에서는 1심에서 무죄판결이 선고되는 등, 밀반송 행위가 당시에는 위법행위인지 여부가 불분명했다는 점

② 유사사건에서는 양형에 있어 '행위 당시 관련 법령과 관세행정 실무에 불명확한 부분이 존재하였던 점'을 중요한 정상으로 인정하면서, 상당수 피고인에 대해서 징역형의 집행유예, 벌금형의 선고유예를 하였다는 점

③ 당시 피고인에게 일을 제안한 자는 환승구역에서의 반송은 범죄가 아니라고 하여 피고인은 위법성에 대한 인식이 미약하였다는 점

④ 피고인은 수사에 협조하였고, 진심으로 반성하고 있다는 점

⑤ 피고인의 지인들은 피고인을 진심으로 탄원하고 있다는 점

⑥ 반송된 금괴는 관세법상 수출금지품은 아니라는 점

⑦ 피고인은 범행을 계획하거나 주도한 것은 아니고 운반책들을 인솔하는 일만 하였고, 따로 돈을 투자하지도 않았다는 점

⑧ 본 사건은 밀반송으로서, 물품이 우리나라에 수출입된 것은 아니기 때문에, 국가에 직접적인 피해는 발생한 것이 없다는 점

⑨ 피고인은 건강상태가 좋지 않고

⑩ 꾸준히 봉사활동을 하였다는 점

⑪ 피고인은 전과가 전혀 없다는 점,

⑫ 피고인은 현재는 회사에서 성실하게 근무하고 있다는 점

을 주장하였다.

특히 필요적 벌금 및 추징에 관하여는,

① 주형의 일부에 대하여 선고를 유예하는 경우에는 그 부가형인 몰

수 추징에 대하여도 선고를 유예할 수 있다는 것이 대법원 판례의 태도라는 점

② 피고인은 다시는 범행에 가담할 이유가 없다는 점

③ 최근 선고된 밀반송 사건들에서도 추징을 '선고유예'하는 방법으로 선처하였고

④ 특히 서울xx지방법원 202x고합xxxx 사건에서는 이 사건보다 범행횟수, 금괴의 수량, 범칙금액이 훨씬 많음에도 불구하고 대부분의 피고인들에 대한 벌금과 추징금을 선고유예 하였다는 점

을 주장하여, 피고인에 대한 벌금과 추징을 모두 선처해 달라는 주장을 하였다.

4) 결과

1심 재판부에서는, 벌금 약 202억 및 추징금 약 443억을 모두 선고유예하는 방법으로 선처하였다. 본 사건은 금괴 사건으로서 물품자체가 비난가능성이 높은 물품이기 때문에, 이처럼 벌금과 추징을 모두 선처받는 것이 쉽지 않다. 그럼에도 불구하고 재판부에서는 밀반송이라는 이 사건의 특수한 경위, 유사사건과의 형평, 피고인이 이 사건에 가담하게 된 경위, 경제적 상황, 취득한 이익 등의 양형요소를 고려하여 피고인을 전격적으로 선처하는 판결을 하였다.

관세전문변호사,
어떻게 선임해야 할까?

관세전문변호사를
선임해야 하는 이유

관세 사건은 대한변호사협회에서 전문분야로 분류한 '전문' 사건이다. 그만큼 관세 분야는 전문적인 지식이 필요하다는 것이다. 일단 관세법 자체가 법조문이 엄청나게 길고 복잡하게 구성되어 있다. 관세법위반의 유형도 다양하며, 부가형인 추징과 몰수 대상인지 여부, 세금과 가산세가 부과되는 사건인지 여부, 부과된다면 얼마나 부과되는지 여부를 모두 파악하고 있어야 대처가 가능하다.

특가법에서는 관세법 위반을 가중하여 처벌하고 있고, 사건 유형에 따라 필요적 벌금까지 규정하고 있다. 그리고 법조문뿐만 아니라 대법원 및 하급심판례의 해석까지 모두 파악하고 있어야, 사건의 진행방향을 올바르게 설정하고 적절하게 대처하는 것이 가능하다. 또한 유사사건과 비교했을 때 예상되는 처벌수위가 어느 정도인지, 어디까지 선처가 가능할 것인지를 변호사가 정확하게 알고 있어야, 의뢰인의 사건을 제대로 변호할 수 있을 것이다.

일반 민형사 사건을 담당하는 변호사의 경우, 평생 관세법위반 사건을 단 한 번도 수행하지 않는 경우가 대부분이다. 따라서 관세전문이 아닌 변호사에게 사건을 의뢰할 경우, 해당 변호사는 그때부터 관세법을 새로 공부해서 대처해야 하는데, 현실적으로 전문적인 대응을 기대하기는 어렵다. 이는 관세뿐만 아니라 다른 전문영역(이혼, 건설, 부동산, 상속, IT, 국제거래, 무역 등) 또한 마찬가지이며, 전문사건의 경우 전문변호사를 선임하여 대응하는 것이 좋은 결과를 이끌어 내는 데 도움이 될 것이다.

진짜 관세전문변호사인지
확인하는 방법

대한변호사협회에 관세를 전문분야로 정식등록한 변호사는, 현재 6명밖에 없다. 그런데 관세를 전문분야로 등록하지도 않았음에도, 온라인에서 관세전문이라고 홍보하는 변호사나 사무실이 많은데, 대한변협에 관세를 전문분야로 등록한 진짜 관세전문변호사인지를 반드시 확인해 보아야 한다.

의사와는 다르게 변호사의 경우, 전문분야 등록여부와 관계없이 '전문' 문구를 자유롭게 사용할 수 있다. 따라서 해당 분야의 전문변호사가 아님에도, 마치 전문변호사인 것처럼 광고하는 곳이 많은 것이다. 그런데 실제로는 해당 전문사건을 거의 수행해 보지 않았거나, 전문지식이 전혀 없는 경우도 허다하다.

관세를 전문분야로 등록했는지 여부는 대한변호사협회 홈페이지에서 확인할 수 있다. 대한변호사협회 홈페이지(https://www.koreanbar.or.kr/) 접속 후, 상단의 변호사검색으로 들어간 뒤, **「전문분야검색 - 신(新) - 관세」**로 검색하면, 현재 등록된 관세전문변호사가 누구인지를 직접 확인할 수 있다. 관세뿐만 아니라 다른 전문 분야도 모두 검색이 가능하므로, 전문변호사를 선임할 때에 반드시 확인해 보아야 한다.

좋은 변호사인지 어떻게 구별하나요?

1) 대표변호사와 직접 소통이 가능한 곳이어야 한다

대표변호사가 수임상담만 하고, 이후에는 사무장이나 고용변호사만 연락이 되는 사무실이 많다. 의뢰인 입장에서는 대표변호사를 믿고 사건을 맡긴 것인데, 대표변호사와 연락이 되지 않으면 사건이 제대로 진행되는 것인지 파악할 수 없어 불안할 수밖에 없다.

대표변호사가 의뢰인과 직접 소통하고, 대표변호사가 서면작성 및 재판출석까지 모두 직접 하는 곳에 사건을 맡기는 것이 좋다. 이는 곧 대표변호사가 사건의 내용을 전부 파악하고 있고, 처음부터 끝까지 의뢰인을 직접 케어한다는 뜻이기 때문이다.

2) 성공사례가 많아야 한다

결과에 있어서도 의뢰인이 원하는 좋은 결과를 이끌어 낼 수 있는 변호사를 선임해야 한다. 이는 곧 변호사의 기존 사례들 중, 성공한 케이스를 많이 보유하고 있어야 한다는 뜻이다. 관세법위반 사건의 경우, 실형이 나올 수 있는 사건은 집행유예로 방어하고, 추징금과 고액의 벌금은 선고유예로 방어할 수 있어야 한다.

관세법위반 형사사건은 결국 마지막 재판단계에서 판사를 잘 설득하여야 좋은 결과를 낼 수 있다. 담당변호사가 기존에 규모가 큰 사건들에서 좋은 결과를 낸 케이스를 많이 보유하고 있다면, 이를 통해 재판부를 수월하게 설득할 수 있다. 결국 의뢰인의 사건과 비슷하거나 규모가 큰 사건들에서 담당변호사가 성공한 사례를 많이 보유하고 있어야, 좋은 결과를 이끌어 낼 가능성이 높아지는 것이다.

3) 대응방향과, 예상되는 결과를 구체적으로 안내해 줄 수 있어야 한다

사건에 대하여 예상되는 결과와 사건의 목표를 변호사가 명확하게 제시할 수 있어야 한다. 변호사가 사건의 진행 방향이나 예상 결과를 두루뭉술하게 말하는 경우는 두 가지인데, ① 해당분야를 접해 보지 않아 잘 모르거나, ② 기존에 비슷한 사건을 했으나 좋은 결과를 내지 못했던 경우이다. 변호사와 상담한 후에, 의뢰인의 머릿속에 앞으로의 사건 진행 방향과, 예상되는 처벌수위, 목표로 하는 결과와 이를 위해 준비해야 할 것들이 명확하게 그려져야 한다.

4) 변호사가 친절해야 하고, 의뢰인이 느끼기에 편해야 한다

관세법위반 형사사건은 조사부터 재판이 끝날 때까지 짧게는 1년, 길게는 3년 이상 걸린다. 이렇게 긴 시간 동안 긴 호흡으로 사건을 대응해야 하기 때문에, 같이 대응하는 변호사와 편하게 소통할 수 있어야 한다.

변호사가 의뢰인 연락받는 것을 귀찮아하고 권위적으로 대하고 불친절하게 대응하면, 안 그래도 의뢰인 입장에서는 변호사가 조심스러운데, 더욱 연락하는 것을 주저할 수밖에 없다. 변호사는 의뢰인의 사소한 개인적 사정까지 알고 있어야, 재판을 할 때에 양형사유를 구체적으로 제시할 수 있다. 소통이 잘 안 되는 변호사는 의뢰인 개인의 상황을 잘 파악할 수 없게 되고, 양형사유를 주장함에 있어서도 설득력이 떨어질 수밖에 없다.